Braceros

E. Tulip

Braceros

Roman

LE LYS BLEU
ÉDITIONS

ISBN : 979-10-422-1967-3

Je vais te raconter en secret
Qui je suis, moi,
Comme ça, à voix haute
Tu me diras qui tu es,
Je veux savoir qui tu es[1]

[1] Extrait du poème « Ode à l'homme simple », tiré des *Odes Elémentaires* de Pablo Neruda.

Prologue
Automne, 2019

Ils avaient pris la route en milieu de matinée, laissant derrière eux la Catalogne pour rejoindre l'Aragon. Ils avaient prévu de faire une halte pour la nuit à Ejea de los Caballeros. De là, ils rejoindraient Chustosalto. Clara avait décidé de ce périple sur les traces de ses origines peu de temps avant les vacances de la Toussaint. Elle avait subitement ressenti le besoin de se rendre dans le village où était né son père, de voir la maison sur laquelle était gravé dans la pierre, juste au-dessus de la porte d'entrée, GALLEGO. Elle avait vu une photo de cette façade il y a bien des années. Elle voulait aussi voir où ses grands-parents étaient enterrés, surtout cette grand-mère morte il y a si longtemps. Leurs tombes devaient se trouver à Chustosalto. Il était temps de faire ce pèlerinage, comme elle l'appelait. Cesar avait accepté le voyage et, après réflexion, avait proposé un détour par la Catalogne espagnole pour qu'il puisse, lui aussi, aller se recueillir sur la tombe de son père.

« On joue à un jeu ? » demanda Elena.

Clara s'inclina vers Cesar qui conduisait et lui dit en riant :

« Quelles vacances pour une petite de six ans ! T'imagines quand la maîtresse va lui demander ce qu'elle a fait de beau en Espagne ? La tournée des cimetières ! » Puis, se retournant vers sa fille. « Oui, le jeu des devinettes, tu commences. »

Ils jouèrent un bon moment, jusqu'à ce que Clara s'interrompe brusquement en voyant l'une des directions indiquées sur la route. « Cesar ! Regarde, ils indiquent San Mateo ! C'est là qu'on a passé nos vacances, deux années de suite. J'avais dans les six ans. On allait chez l'oncle Angel, les meilleures vacances de mon enfance !

— Tu veux qu'on y passe ?

— Oui… j'aimerais bien… en plus quand on y allait, je me souviens, il y avait toujours un moment où on passait au cimetière du village. Je m'amusais à compter l'âge des morts. Je serais curieuse de savoir aujourd'hui à qui on allait déposer des fleurs. Je ne pense pas que ce soient les grands-parents puisqu'ils étaient de Chustosalto… Enfin… maintenant que j'y pense… peut-être pas… j'en sais rien après tout », ajouta-t-elle, soudain songeuse. Son visage s'assombrit.

Cesar lui jeta un regard en coin, mais ne dit rien. Issu d'une famille sud-américaine où tout se savait ou finissait toujours par se savoir même quand on ne demandait rien, il était toujours surpris du peu d'informations dont Clara disposait sur sa famille, notamment sur son père et ses origines. Et il voyait bien que depuis la naissance de leur fille, ce sujet la travaillait de plus en plus, au point de la rendre malheureuse, parfois. Et elle n'avait personne pour répondre à ses questions, ses relations familiales, pour d'obscures raisons, étant quasiment inexistantes. Ce qu'il avait bien du mal à comprendre aussi.

« C'est dans quinze kilomètres, regarde », dit-elle en pointant du doigt une nouvelle indication.

« On va là où tu as passé des vacances quand tu étais petite Maman ? » demanda Elena qui voulait participer à la conversation.

« Oui chérie… ça a dû bien changer, j'espère que je vais reconnaître quelque chose, j'avais ton âge… à l'époque c'était un village, vraiment pas grand, il y avait de la terre battue, des champs de maïs… aujourd'hui il y a… attends je regarde sur internet… 3500 habitants… il y a des photos… oui c'est quand même bien construit aujourd'hui, ça a l'air tout bétonné !

— Et vous alliez chez un oncle c'est ça ? s'intéressa Cesar.

— Oui… enfin on l'appelait l'oncle Angel, mais je ne sais pas qui c'était au juste… je veux dire, à quelle branche des Gallego il appartenait exactement… Je n'ai jamais demandé, car on y est allés deux années de suite et après plus rien, on n'y est plus jamais retournés. Je ne sais pas pourquoi on a arrêté d'y aller… mais je me souviens que ça m'a vraiment rendue triste. La seule fois où j'ai de nouveau entendu parler de l'oncle Angel, c'est quand il est décédé, quelques années plus tard. Mon père a fait tout le trajet jusqu'en Espagne pour aller à son enterrement. Je l'aimais bien l'oncle Angel, il était gentil, il pleurait chaque fois qu'on partait. Je m'en rappelle bien, j'étais dans le coffre de la Ford Taurus break qu'on avait à l'époque, il suivait la voiture et nous faisait de grands signes. Ça me donnait aussi envie de pleurer… faut dire qu'il me fallait pas grand-chose à l'époque… C'est vrai que je n'ai jamais demandé par la suite qui il était par rapport à mon père… mais tu sais c'était comme ça chez nous, pas de questions.

— Et vous parliez en quelle langue quand vous y alliez ?

— En français. On ne parlait que français à la maison. Mon père ne parlait espagnol qu'avec sa sœur Emilia, et ses copains espagnols qu'il retrouvait au square. Ah, aussi quand il s'énervait, je n'ai jamais compris ce qu'il disait dans ces moments-là. Quand on venait ici, de mémoire, une partie de la famille parlait français parce qu'elle avait vécu en France. Après, avec les autres gamins du village, on se débrouillait.

— Et tu jouais à quoi Maman ?

— Il y avait une piscine découverte, on y allait tous les jours, sans les parents, c'était super. Et le soir, au même endroit, il y avait un cinéma en plein air. On y a vu *La Folie des grandeurs* avec Louis de Funès ! On traînait d'un coin à l'autre du village, dans les champs, chez les voisins, chez les uns, chez les autres… On était libres, je me souviens à peine de mes parents dans ces moments-là. Sûrement qu'ils étaient là et surveillaient quand même, mais je ne m'en souviens pas.

— Ton père devait être content d'être en Espagne, non ?

— Oui… je n'en sais trop rien, je suppose… j'étais trop petite, mais mon frère Florent dit qu'il était plus détendu, plus souriant, pendant ces vacances-là. Après, tu sais, c'était pas un bavard… il ne nous parlait pas, à part pour nous dire de nous taire… ou nous en coller une ! Ce qui est sûr, c'est qu'à San Mateo, on se sentait bien. En tout cas, moi, même si ce n'était pas vraiment conscient, j'avais l'impression de faire partie de quelque chose, d'être intégrée, en quelque sorte. J'étais bien, je crois. C'était pas comme à Chartres où on se mettait toujours un peu à l'écart de tout et de tout le monde, où on ne se mêlait jamais vraiment aux autres… Où que nous allions, mon père garait toujours la voiture à l'écart, quitte à marcher. Au supermarché par exemple, même s'il y avait de la place, tu pouvais être sûr qu'il se garait à l'autre bout du parking… Et puis mes parents étaient communistes, mais ils avaient fait huit gamins… alors dans une ville de cathos comme Chartres, on détonnait… j'étais une des rares, en dehors des enfants de musulmans, à ne pas faire le catéchisme en primaire. Les invitations aux anniversaires… on ne pouvait pas les accepter parce qu'après il fallait acheter un cadeau et bon, on n'avait pas d'argent… et puis fallait rendre la pareille et c'était difficile pour mes parents, je pense… c'était pas possible. Tant que ça restait dans la cité HLM où on vivait, ça passait encore… on était du même niveau social et il y avait des problèmes dans toutes les familles… mais au-delà… C'était toujours comme si on n'était jamais à notre place… Tu sais, je crois que mon père avait honte de son accent… même après toutes ces années. Du coup, des fois j'en avais honte aussi… de son accent… et pas que ça d'ailleurs… je n'en suis pas fière. »

Elle se tut, les larmes aux yeux. C'était sorti d'un coup. Cesar lui prit la main. Elle esquissa un pauvre sourire « Et moi aujourd'hui j'ai honte de mon accent français quand je parle espagnol, la bonne blague !

— Tu parles très bien espagnol, je suis sûr que ton père était fier que tu aies appris la langue et que tu sois partie vivre en Espagne quelques années.

— Je ne sais pas… il n'a jamais rien dit… on ne se parlait jamais… je suis partie en Espagne directement depuis l'Angleterre où j'avais passé quelques années… on ne se parlait pas. Et puis, il est mort peu de temps après mon arrivée à Barcelone.

— C'était un homme d'une autre époque, il ne pouvait pas exprimer ce qu'il ressentait. Il n'a pas eu l'air d'avoir une vie facile… »

Ils atteignirent bientôt le village. « Tu nous guides Clara ?

— On peut rejoindre le centre du village, voir si je reconnais quelque chose… sinon trouver le cimetière et la piscine municipale.

— Tu as encore de la famille ici ?

— Oui…

— On aurait pu les contacter.

— Je ne les connais pas… pour leur raconter quoi ?

— Ils seraient peut-être contents de rencontrer la petite dernière d'Indalecio Gallego, d'avoir des nouvelles de sa famille.

— Je ne suis même pas sûre qu'ils aient su quand il est décédé il y a quinze ans… Y a que la tante Emilia qui était présente… les autres frères et sœurs n'étaient déjà plus de ce monde, enfin je crois… je ne les ai jamais connus, seulement leurs prénoms, Leonides, Felix et Antonio.

— Mais vous voyiez qui ici à San Mateo ?

— Je te l'ai dit je n'en sais rien… en dehors de l'oncle Angel, je me rappelle de certains prénoms… Rosemarie, Lorenzo, Marisa, Miguel, Sandra… c'est tout. Et je n'ai jamais posé de questions. Bon, en attendant je ne reconnais rien ici… le béton a remplacé la terre battue… ça me désole… on va chercher le cimetière. »

Ils le trouvèrent assez facilement. C'était le jour des morts et il y avait quelques personnes, venues déposer des fleurs fraîches. On les regarda passer avec curiosité, ils n'étaient pas du coin. Ils échangèrent quelques salutations. « Le cimetière est comme dans mes souvenirs, avec ses columbariums. Je me souviens qu'il y avait aussi beaucoup de petites tombes… ça m'avait interpellée à l'époque, pour moi ce n'était pas normal… je me demandais toujours pourquoi ces enfants étaient morts… Allez, y'a plus qu'à chercher le nom Gallego, tu nous aides Elena ? » La petite se prêta volontiers à la « chasse aux Gallego » et se mit à parcourir les allées d'un pas rapide. Ils ne tardèrent pas à trouver. Sur l'une des cases de columbarium, encadrées de beaux lys blancs coupés, était inscrit « Genaro Gallego ».

« Alors c'est là qu'il est enterré le grand-père… c'était donc lui qu'on allait voir ! » s'exclama Clara, surprise.

« Et on continue à fleurir sa case… c'est sûr, les fleurs ont été déposées aujourd'hui. On a failli tomber sur de la famille », ajouta Cesar.

Clara réagit vivement. « Pourtant j'ai toujours entendu dire que c'était un enfoiré… il refusait de saluer mes frères et sœurs quand il les croisait dans la rue… tout ça parce que mon père s'était marié avec une Française ! » Elle regarda autour de la case. Il y avait d'autres Gallego « Angel, bien sûr… Leonides… elle, c'est la sœur de mon père… je ne l'ai pas connue… ma mère n'en parlait pas en bien, mais je ne sais pas… je n'ai jamais entendu mon père s'exprimer sur elle. Lorenzo… c'était le frère de mon grand-père, pareil je ne l'ai pas connu. Mais je ne vois pas… elle est où Juliana, ma grand-mère ?

— Il faut peut-être chercher au niveau des tombes… elle est morte longtemps avant lui de ce que tu m'as dit, je ne pense pas qu'il y ait eu incinération.

— Tu as raison, il faut chercher du côté des tombes. »

Et ils refirent le tour du cimetière. Une personne d'âge moyen les interpella en espagnol. « Vous cherchez quelque chose ? »

Clara répondit :

« Oui, on cherche la tombe de Juliana Tris Gallego.

— Ah oui… Gallego… pour moi il n'y a pas de Juliana ici. Il faudrait demander à Lorenzo, il doit savoir. Vous êtes de la famille ?

— Oui… de France. Mon père, Indalecio, était le dernier des enfants de Genaro et Juliana Gallego, de Chustosalto.

— Ah oui ? Allez demander à Lorenzo, vous le connaissez non ? Il est conseiller à la mairie.

— Oui… non… enfin ça fait longtemps que je ne suis pas venue. Merci. Bonne journée », répondit Clara en s'éloignant.

Cesar prit la main d'Elena et ils rejoignirent Clara. « Tu as fait ta Gallego… », plaisanta-t-il.

Elle haussa les épaules, le visage fermé. « Je n'avais pas envie de m'étaler… on a vu ce qu'il y avait à voir, on peut repartir. »

Cesar lui passa un bras autour des épaules dans un geste de réconfort. Il la connaissait suffisamment pour savoir que son côté abrupt cachait un profond désarroi. En repartant, ils passèrent devant la piscine découverte dont avait parlé Clara. Ils ne virent pas grand-chose, car elle était désormais entourée de hauts murs de béton. À partir de là, Clara s'enferma dans l'un de ses silences.

Ils rejoignirent Ejea de los Caballeros où ils passèrent la soirée et la nuit. Ils reprirent la route pour Chustosalto le lendemain en milieu de matinée. Il faisait gris et il n'y avait personne sur la route.

« J'ai lu sur internet qu'il n'y avait plus aucun habitant à Chustosalto, c'est devenu un village fantôme, quelle tristesse… Mais c'est un peu comme ça partout en Aragon », commenta Clara.

Après une trentaine de kilomètres, le village et son clocher apparurent en point de mire, en haut d'une petite colline. Les alentours étaient désertiques. Ils garèrent la voiture à l'entrée où se trouvaient les vestiges d'un parc pour enfant. Ils laissèrent Elena y jouer un moment avant de rejoindre la place du village. Un groupe de personnes, probablement une famille, se trouvaient là, en pleine discussion. Ils les saluèrent rapidement sans s'arrêter. Il n'y avait que peu de rues, aussi eurent-ils vite fait le tour du village. Quelques maisons étaient restaurées, signe qu'il devait encore y avoir un peu de vie, malgré tout, mais la plupart avaient été laissées à l'abandon. Ils refirent un tour, sans succès. Clara soupira :

« Je suis déçue… la façade Gallego a dû s'effondrer… en même temps, je ne sais même pas dans quelle rue elle se trouvait… Tant pis, on va rentrer. »

Ils recroisèrent sur la place le petit groupe de personnes.

« Vous cherchez quelque chose ? » leur demanda une femme en espagnol.

« Mon père, Indalecio Gallego, est né ici… le fils de Genaro et Juliana Gallego. Je cherche la maison, mais je ne la trouve pas.

— Gallego ! Oui, bien sûr ! La maison était dans la *calle Mayor* mais elle tombait en ruines… les murs se sont effondrés il y a quelques années déjà. Gallego… oui ! le grand-père les a bien connus. »

La femme se tourna vers un vieil homme appuyé sur une canne. Il devait être proche du centenaire.

« Grand-père, tu te rappelles des Gallego, Genaro et Juliana ? C'est la fille d'Indalecio, leur dernier. »

Le vieil homme s'anima, l'œil se fit vif. « Gallego ? Oui bien sûr, Genaro, et son frère Lorenzo, c'était de bons garçons… très gentils. »

Clara hésita, ce n'était décidément pas l'image qu'elle avait du grand-père. « Vous les avez connus ?

— Oui, des bons garçons, serviables… c'était des travailleurs, les temps n'étaient pas faciles…

— Et Juliana ?

— Oui, la femme de Genaro. Elle n'était pas du même village, elle venait de Gallocanto. »

Clara fut étonnée de la mémoire du grand-père et elle se fit l'amère réflexion que ce vieil homme en savait sûrement plus qu'elle sur ses grands-parents et son père. Son cœur s'accéléra légèrement et, prise d'une sorte d'espoir, elle s'enhardit à l'interroger. « Mais Genaro, il a abandonné sa famille au début de la guerre civile ?

— C'était une autre époque, avec ses difficultés… Le Genaro… il était pas bête… il avait appris à lire et il avait ses idées. Il faisait partie de la CNT, c'était un radical. Ses actions ont eu des conséquences… s'il était resté, il aurait fini dans un trou direct… oui l'époque était dure, on ne pouvait pas se permettre d'être sentimental… et Juliana, la pauvre, elle a payé pour ses actions à lui. Oui… et la guerre, et Franco… penses-tu, on ne pouvait même plus se fier à ses voisins ni à sa propre famille parfois ! Mais c'est le passé, une autre époque, il ne faut pas y penser. »

Clara se demanda furtivement de quel côté cet homme avait été à l'époque. Sous ses airs de vieillard aimable et inoffensif, avait-il fait partie des délateurs ? Avait-il appuyé sur la gâchette ? Elle se contenta de hocher de la tête.

« Ainsi vous êtes la fille d'Indalecio ?

— Oui, mon père est parti en France quand il avait 20 ans… il s'est marié avec une Française.

— Je me souviens du gamin, toujours derrière ses frères et sœurs, un peu à la traîne, pas un bavard ni un violent… »

La femme intervint. « Il y a des Gallego à San Mateo, vous le savez ?

— Oui… » répondit vaguement Clara. Elle avait une autre idée en tête :

« Et Juliana, elle est enterrée où ? Ici, à Chustosalto ?

— Je ne pense pas, le cimetière est tout petit et je n'ai pas mémoire d'avoir vu sa tombe. Grand-père, elle est enterrée ici Juliana Gallego ?

— Non… elle a quitté Chustosalto au début de la guerre et elle n'est jamais revenue… après ce qu'on lui a fait… battue, tondue et envoyée en prison… et Dieu seul sait ce qu'ils ont dû lui faire endurer d'autre là-bas ! J'étais là quand on l'a attrapée… Je m'en souviens encore, tout jeune, que j'étais. Les enfants Gallego se sont retrouvés tout seuls… c'était terrible… quelle époque ! Au moins elle a pas terminé dans un trou ! Y'avait leur voisine, Amaia, qui s'est occupée des enfants pendant qu'elle était en prison… C'était une gentille femme, Amaia… jamais mariée…

— Mais elle est partie où Juliana ? l'interrompit Clara.

— Elle avait peur après ce qu'ils lui avaient fait… entre le curé et la *guardia*… ils sont partis de l'autre côté de la ligne, côté républicain, là où les franquistes n'étaient pas encore arrivés… à Lorién, si ma mémoire ne me joue pas des tours.

— À Lorién ! » s'exclama Clara.

« Tu connais ? » demanda Cesar.

« Oui… j'y suis allée une fois, il y a un peu moins de 20 ans… La tante Emilia possédait une maison, enfin un ancien couvent dont une petite partie avait été restaurée. En effet, de ce que je sais, elle en avait hérité d'un cousin du côté de la grand-mère. Nous nous y étions retrouvés avec la tante, une cousine, mes parents et deux de mes sœurs. Le village est pittoresque. Mais, je ne savais pas… enfin mon père n'a rien dit à l'époque… ni la tante d'ailleurs… et je n'ai pas pensé à poser des questions ! »

La femme intervint de nouveau. « Vous savez, il y a pas mal de Gallego dans le coin, vous devriez aller les voir, ils en savent pas mal. »

Les pensées de Clara se bousculaient. Elle avait besoin de réfléchir. Le regard aimablement curieux que ces inconnus lui adressaient la mettait mal à l'aise, ils en savaient plus qu'elle sur sa famille ! Il lui fallait s'éloigner. « Merci pour toutes ces informations, c'est une chance de vous avoir rencontrés… C'est laquelle la *calle Mayor* ? »

La femme leur indiqua la direction du doigt, leur situant également la maison Gallego, et ils prirent congé. Ils s'arrêtèrent devant les trois murs restants de l'ancienne demeure familiale. Tout avait été envahi par les herbes. Il restait encore des morceaux d'étage et de toit. Clara prit quelques photos puis se tourna vers Cesar « Ça t'embête si on fait un détour par Lorién avant de rentrer en France ? »

Il lui sourit. « J'allais te le proposer, allez viens Elena, on continue la chasse aux Gallego ! »

Ils roulèrent quelques heures, entre les jeux avec Elena et les silences de Clara.

« Tu penses à quoi ? » lui demanda Cesar.

« À cette seule fois où je suis allée à Lorién… c'était quelques années seulement avant sa mort… quand j'y repense, je crois que je ne l'ai jamais vu aussi heureux. Il était dans son élément, ça se voyait. Il avait déjà de gros problèmes de santé, son diabète, son cœur qui lâchait, il en était déjà à deux AVC… il savait qu'il n'avait plus beaucoup d'années à vivre. Il serait bien resté, il l'a même dit, lui qui ne s'exprimait jamais. Il voulait mourir là-bas…

— Il aurait pu. Qu'est-ce qui l'en empêchait vu qu'il était à la retraite ?

— Ma mère ne voulait pas. Tu imagines ? Elle ne parlait pas un mot d'espagnol. Se retrouver seule dans un village, hors de France, loin de son HLM, de son quartier, de ses habitudes, de ses enfants même si elle en avait déjà renié la moitié… c'était impossible pour elle ! Et puis elle ne conduisait pas donc pour l'autonomie, ça aurait été compliqué. Cesar… Pourquoi je n'ai pas posé de questions ? »

La route était sinueuse et ils durent s'arrêter un instant, la petite ayant la nausée. Après avoir traversé une épaisse forêt, Lorién apparut enfin sur une haute colline, majestueux, encadré de ses immenses monolithes de pierre.

« Ouah, tu n'avais pas menti, c'est pittoresque ! » s'exclama Cesar.

Ils se garèrent en contrebas du village et remontèrent les petites rues escarpées. L'endroit devait comptait 150 âmes, mais il n'y avait personne dehors. Clara retrouva la maison de sa tante sans trop de difficultés. Elle était fermée. « Oui c'est là… la tante est décédée, je ne sais pas qui en a hérité, mais ça a dû rester dans la famille. »

Ils s'arrêtèrent dans l'unique bar du village pour se restaurer. Les quelques personnes âgées qui s'y trouvaient s'intéressèrent immédiatement à eux. « Emilia, oui, la Gallego… oui, elle avait hérité de la maison du vieux Balbino et venait souvent… Elle est morte y'a pas longtemps… on continue à voir des Gallego passer de temps en temps, ses enfants. Et vous, vous êtes qui ? De la famille ?

— La nièce d'Emilia, je suis la fille d'Indalecio, son frère.

— Indalecio… ça me dit quelque chose… faudrait demander au vieux Manolo, mais il est cloué au lit. Il a pas perdu la tête lui… Mais vous êtes française ?

— Oui… et Balbino, vous l'avez connu ?

— Oui bien sûr, un homme bon, il cherchait pas les histoires et toujours à arranger les choses. Mais jamais marié, il devait y'avoir quelque chose qui clochait… »

Clara et Cesar échangèrent un regard. « Et Juliana Tris Gallego, ça vous parle ?

— Non… faudrait Manolo…

— Mais si Carlito, toi c'est sûr tu la perds la tienne de tête ! Juliana Tris Gallego, on l'a pas connue, mais le vieux Balbino s'est fait enterrer à côté d'elle ! C'était sa cousine.

— Elle est donc enterrée ici ? Il est où le cimetière ?

— Plus bas, juste à la sortie du village. Ils sont enterrés vers le fond, à gauche. »

Clara, Cesar et Elena restèrent à discuter le temps de terminer leur repas puis rejoignirent le cimetière.

Les tombes étaient là, l'une à côté de l'autre, telles des jumelles, portant la même croix en fer forgé rouillée. Personne n'y était passé depuis un bout de temps.

« Regarde, elle est morte en 1948, c'était il y a si longtemps. » Clara ne sut retenir ses larmes. « Je sais c'est bête, je pleure alors que je ne l'ai pas connue, je ne sais rien d'elle, juste que ce n'était pas une tendre et qu'elle a dû survivre avec ses enfants lorsque Genaro a fui et les a abandonnés. Et je vois cette tombe, abandonnée, sans aucune fleur. Rien ! Et ce cousin Balbino, c'était qui ? Il l'a sûrement plus aimée que Genaro pour avoir demandé à être enterré à côté d'elle ! Et il a probablement considéré ses enfants comme les siens sinon je suppose que la tante n'aurait pas hérité de sa maison. Il est mort en 77, deux ans après Franco… la même année où mon père est retourné en Espagne pour la première fois. Pourquoi mon père n'en a-t-il jamais parlé ?

— Parce que c'était peut-être trop douloureux pour lui d'ouvrir la porte à ses souvenirs. C'était peut-être une question de survie pour lui. Ce qu'il s'était passé en Espagne devait y rester », répondit César, un peu ému.

Il ne pouvait s'empêcher de penser à sa propre histoire, lorsqu'avec sa famille, il avait dû quitter le Chili à l'âge de dix ans, quelques années après le coup d'État de Pinochet. Il n'aimait pas vraiment parler de sa vie avant leur départ, ni même de leur arrivée en France. Il y avait toujours cette douleur, empreinte de culpabilité, l'exil laissant toujours son empreinte. Il prit Clara dans ses bras.

« Pourquoi tu pleures Maman ? » demanda Elena en encerclant les jambes de sa mère de ses petits bras.

Clara se pencha vers sa fille et la serra contre elle. « Parce que je ne peux pas continuer comme ça, parce qu'il est temps que je raconte l'histoire de ton grand-père. » Elle inspira longuement. « Est-ce que tu sais ce que c'est qu'un *bracero* ? »

1
Indalecio
Automne, 1927

L'obscurité avait gagné le village. L'air était chargé d'électricité et le grondement du ciel, jusque-là intermittent et lointain, s'était soudainement rapproché, menaçant. L'orage n'allait pas tarder à s'abattre sur Chustosalto et tout le monde s'était empressé de rentrer. Il régnait dans le petit village aragonais un calme quasi religieux avant la tempête.

Soudain, brisant le silence tel un coup de tonnerre, l'écho des voix et des cris se mit à résonner crescendo d'une ruelle à l'autre, chevauchant les courants d'air, virevoltant, tourbillonnant pour se scinder dans toutes les directions, traversant les épais murs de pierres. Il s'insinuait dans les interstices des volets étroits et des lourdes portes en bois, s'invitant dans chaque foyer, semant ici et là les graines de la discorde. À moins de se boucher les oreilles, nul ne pouvait ignorer la dispute qui opposait Don Francisco, le curé de la paroisse, à Genaro Gallego. Et tout le monde était diablement curieux. Bien que leur animosité mutuelle ne fût un mystère pour personne, d'aucuns auraient voulu être une petite souris pour se faufiler chez les Gallego et assister à la scène. Allaient-ils en venir aux mains ?

Chez les Gallego, la tension frôlait dangereusement le point de rupture. Dans l'unique pièce du bas de la maison, les deux hommes s'invectivaient de chaque côté de l'étroite table en bois avec force gestes. Le paysan, comme beaucoup d'hommes de sa condition, présentait un physique mince et osseux. Il était d'un caractère nerveux. Ses traits émaciés figuraient une colère permanente et étaient marqués par les intempéries et les manques. Ses cheveux sombres étaient coupés à ras. Ses yeux noirs exprimaient bien ses changements d'humeur. Il dégageait ce charisme caractéristique des hommes de forte conviction. À l'opposé, l'homme d'Église dissimulait sa haute silhouette grassouillette sous l'habit, mais son visage joufflu portait les marques de la bonne chère en dépit des temps difficiles. Ses cheveux châtains, plaqués sur le côté, cachaient un début de calvitie. Ses yeux restaient froids et durs malgré le sempiternel sourire qu'arboraient ses lèvres. Juliana Gallego, redoutant les conséquences dominicales – les sermons pendant l'homélie, puis les regards et messes basses des villageois –, pire l'excommunication, passait d'un camp à l'autre, essayant vainement de les calmer. Leurs cris, en plus d'apporter la honte sur la maison, effrayaient la petite Emilia accrochée à ses jupes, et se mêlaient aux pleurs du bébé dans ses bras, objet de la dispute. Il régnait une cacophonie infernale. L'air était devenu irrespirable. Suffoquant, elle ouvrit la fenêtre. De toute façon, au point où ils en étaient, les voisins n'avaient probablement rien perdu des échanges. Elle s'agrippa un instant au rebord pour reprendre sa respiration. Un courant d'air froid souleva légèrement les boucles épaisses de ses longs cheveux noirs. Son corps portait encore les rondeurs de la maternité récente, lui donnant des allures de matrone. Mais son beau visage reflétait toujours l'éclat de la jeunesse, accentué par ce regard franc et décidé qui la caractérisait. Secouant la tête d'un air désolé, elle pria le ciel une nouvelle fois de lui venir en aide, puis se signa et embrassa la petite croix en bois attachée autour de son cou. Mais Dieu restait sourd et elle se résolut à fermer la fenêtre.

L'objet de la discorde n'était pas tant le dernier-né de la famille Gallego que son patronyme et celui qui l'avait choisi. Genaro, comme beaucoup d'hommes de sa génération, suivait les voies des réformes politiques qui agitaient le prolétariat de son époque. Il réfutait de plus en plus ouvertement la parole de l'Évangile et l'influence de l'Église. Cette dernière avait perdu à ses yeux toute la confiance qu'il pouvait encore lui accorder lorsqu'il était enfant. Certes il se souvenait toujours avec affection de Don Pedro, le précédent curé du village, adepte de ces

Lumières qui remettaient en question la foi et la représentation même de Dieu, surnommé avec mépris le « francisé » par les *señoritos*. Ces idiots n'avaient rien compris, Don Pedro ne rejetait pas Dieu, bien au contraire, il considérait qu'il ne faisait qu'un avec la nature. C'était un tout. Ils se comprenaient bien tous les deux, lui, le paysan qui travaillait la terre et lui, le curé qui cultivait les esprits. Et avant tout, Don Pedro se préoccupait vraiment de ses paroissiens. Il distribuait du pain et de la soupe aux plus pauvres, se souciait du devenir de chacun. Malheureusement, c'était une époque révolue. L'Église s'était détournée du peuple, l'avait trahi, retournant sa veste pour favoriser les puissants et s'enrichir ! Pour Genaro, dorénavant, le destin des hommes était entre leurs propres mains. Et il entendait bien briser la tradition des prénoms choisis par le curé ! De son côté, en ces temps troublés, face à la montée des idées anarchistes dans les campagnes, Don Francisco se devait de renforcer son autorité et assurer son emprise paroissiale. Il n'était pas question pour lui de céder ses responsabilités et de se laisser dicter sa conduite par ces bouseux ignorants. Il avait décidé du prénom des quatre précédents, il en serait de même pour le cinquième.

Juliana s'approcha de son mari qui venait de se rasseoir et posa sa main sur son épaule dans un geste apaisant. Elle tenta de le ramener à la raison. « Mais enfin, arrête ! Indalecio, ça reste un joli prénom pour le petit ! »

Mais Genaro demeurait inflexible. « Ça m'est égal ! Ce n'est pas à lui de choisir le prénom de mon fils et encore moins de le baptiser sans mon accord pendant mon absence ! Et toi, ma propre femme, comment as-tu pu le laisser faire ? C'est mon enfant, pas le sien ! »

Il se dégagea brusquement et, en se levant, la bouscula. Entre Emilia toujours dans ses jambes et le bébé logé dans ses bras, Juliana se rattrapa comme elle put, heurtant lourdement le coin de la table. Elle laissa échapper un cri. Don Francisco se précipita vers elle et, protecteur, l'entraîna de son côté. « Regarde comme tu traites ta femme ! »

Genaro le fusilla du regard. « D'habitude ça ne vous préoccupe pas vraiment, tant que ça reste au confessionnal ! »

Ignorant l'attaque, le curé prit un ton conciliant. « Genaro, ta femme et toi faites partie de ma paroisse. C'était mon devoir et le vôtre aussi de consacrer cet enfant à Dieu. Pense à l'âme de ce pauvre innocent s'il lui arrivait malheur sans être baptisé !

— Mon père, gardez vos sermons pour la messe ! L'eau bénite n'empêche pas la faim de nous nouer les tripes chaque jour que Dieu fait ! Mais moi je sais que vous nous méprisez, nous autres *braceros*[2], vous nous regardez trimer jour après jour du haut de votre clocher ! Et pour nous asservir encore plus, vous nous abreuvez jusqu'à plus soif de vos bondieuseries le dimanche ! Mais tout ça va changer et bientôt vous vous retrouverez tout seul dans votre église maudite avec tous les *señoritos* de malheur !

— Cela suffit, arrête de blasphémer Genaro ! Les folies anarchistes n'apporteront que le malheur sur ta famille ! En plus, tu mets en danger ton âme immortelle en suivant ces voies dictées par le diable !

— Ahahah, mon âme ? Mon âme est déjà tellement usée que je renoncerais bien à l'immortalité pour que notre vie, si courte soit-elle, soit juste un peu plus digne ! »

La voix de Genaro s'éteignit. Il se rassit, comme épuisé. Le curé, percevant un instant de faiblesse chez son adversaire, reprit d'une voix apaisante :

« Genaro, tu as une famille et tu es un brave homme, travailleur et honnête. Ne mets pas tout cela en danger. Ne risque pas la place de ta famille dans notre communauté pour des folies étrangères ! » Il continua. « Écoute donc un peu ta femme ! »

Genaro éclata d'un rire bref et se mit à fixer le vide. Juliana esquissa un pauvre sourire gêné et recula d'un pas. La pièce devint silencieuse. Don Francisco remit son manteau et commença à refermer lentement les boutons, un à un. Ce faisant, il conclut calmement :

« De toute façon, l'enfant a reçu les sacrements du baptême et cela ne peut être défait. Il se nomme Indalecio, c'est acté et enregistré. » Il attendit un instant puis replaça son chapeau sur sa tête et se dirigea

[2] Paysans sans terre.

vers la porte. La voix déterminée de Genaro retentit. « Mon fils s'appelle José et jamais il ne suivra vos bondieuseries. Il sera un homme du peuple, libre et affranchi de toutes superstitions. Allez au diable, mon père ! »

Don Francisco s'arrêta sur le pas de la porte, sa main blanchissant sur la poignée. D'un ton calme et autoritaire, il sentencia. « Genaro, tu n'es plus le bienvenu à l'église les dimanches, tu seras excommunié pour tes propos. » Il marqua un temps d'arrêt puis reprit d'un ton plus chaleureux à l'attention de Juliana. « Tu es toujours la bienvenue avec tes enfants et le petit Indalecio. Mais soyez certains qu'aucun José Gallego n'existe dans cette paroisse. »

Juliana hocha la tête et, baissant les yeux, s'écarta de nouveau d'un pas. Genaro répondit, glacial. « Et bien alors, José existera en dehors de cette paroisse. Et ne remettez plus jamais les pieds ici, vous n'êtes plus le bienvenu dans ma maison, Señor Ballarín. »

La messe était dite.

Le curé parti, Genaro alla donner un grand coup de pied dans la porte laissée ouverte. Il resta ainsi, silencieux, le dos tourné à sa femme. Le regard soudain féroce, Juliana s'adressa à son mari :

« Vois ce que tu nous as fait avec tes idées folles ! Ça ne te suffit pas d'aller perdre ton temps à toutes ces réunions et ces marches inutiles au lieu de chercher du travail, il faut en plus que tu jettes la honte sur nous ! Je te préviens Genaro Gallego, ton fils s'appelle Indalecio et il m'accompagnera avec les autres enfants à l'église ! Chaque dimanche que Dieu fait ! José n'existe que pour toi ici ! »

Le bébé recommença à pleurer, et Emilia, qui tentait de suivre les mouvements de sa mère, trébucha et se mit à crier. Genaro sentit la violence monter en lui. Sa femme ne comprenait décidément rien ! Il eut comme une envie de frapper. Il lui fallait rapidement prendre l'air. Il attrapa son manteau et sortit en claquant la porte. Juliana souffla légèrement. Qu'il aille se rafraîchir, ça serait mieux pour tout le monde !

Les trois aînés, Gallego, Leonides, Felix et Antonio, descendirent de leur tanière. Ils avaient suivi avec beaucoup d'inquiétude la dispute.

Ils avaient aussi parié leurs maigres trésors, billes, ficelles, et autres figurines, sur le prénom final. Mais ni leur père ni le curé n'ayant cédé, chacun avait récupéré sa mise. Leonides prit le bébé des bras de sa mère et Felix attrapa la petite Emilia pour la faire sauter sur ses genoux. Antonio alla se poster près de l'âtre rougeoyant. Il eut un sourire narquois. « Alors, on doit l'appeler comment le nain ? Jolecio ? »

La gifle retentit sur sa joue sans que personne l'ait vue venir. Sa mère l'attrapa par l'oreille et, ignorant ses cris de douleur, le renvoya à l'étage sans ménagement. Le regard baissé, les autres observèrent un silence prudent. Dehors, l'orage avait finalement éclaté.

Genaro rejoignit en courant le petit abri en pierres situé à l'entrée du village. Il était trempé. Il sortit son tabac de sa poche et entreprit de se rouler une cigarette. Ses mains tremblaient. Il jura entre ses dents, sentant de nouveau la rage monter en lui en entendant sonner les cloches de l'église. Qu'ils aillent au diable, le curé, sa femme… tous ! Il parvint enfin à allumer sa cigarette et tira longuement dessus. Il sourit méchamment. Au moins, il n'avait plus besoin d'aller à la messe le dimanche. Son sourire disparut aussitôt lorsque la réalité des faits le rattrapa. Il soupira. L'hiver s'annonçait rude. Entre son excommunication et ses engagements syndicaux, ses chances de trouver du travail s'amenuisaient. Juliana voulait demander de l'aide à son père, mais pour lui, il était hors de question de dépendre de sa belle-famille. Il avait sa fierté, sans parler de leurs divergences d'opinions. Il pensa à son nouveau-né. À chaque nouvelle naissance, la même question : quel avenir pour ses enfants ? Que pouvait bien espérer un simple *bracero* avec les soldes ridicules payées par les propriétaires ? Ça ne couvrait déjà pas les dépenses quotidiennes avec quatre enfants, alors avec une nouvelle bouche à nourrir… il se rapprochait dangereusement de l'indigence. Il souhaita que cet enfant fût le dernier. Tout cela était injuste ! Des terres, il y en avait, et du travail forcément aussi ! Il aurait dû pouvoir nourrir sa famille correctement. Au lieu de cela, de vastes terrains demeuraient en friche et ce qui était exploité restait insuffisant, faute de moyens modernes. Il grimaça, se racla la gorge et cracha rageusement. Tout cela à cause de *señoritos* stupides qui ne pensaient qu'à leurs parties de chasse ! Tout cela à cause de *señoritos* ignorants du travail de la terre ! Tout cela à cause de *señoritos* oisifs qui vivaient des terres héritées et cultivées à la sueur de gens comme lui ! Il n'était peut-être pas allé à l'école très longtemps, mais lui savait ce dont la terre avait besoin. Il savait lire aussi, et il apprenait beaucoup avec la CNT[3]. Il leur fallait une réforme agraire, comme chez les Français, ce que ni cet incapable de roi[4] ni ce dictateur de général[5] n'avaient été capables de mettre en place ! Quel désastre que la politique de son pays ! Cela faisait quatre ans déjà que le peuple subissait ce dictateur de Général Primo de Rivera. Son putsch n'aurait jamais réussi sans l'appui de cet idiot d'absolutiste d'Alfonso XIII. L'Espagne était passée d'une monarchie parlementaire décadente à une dictature tout aussi corrompue et inepte ! Pourtant, au début, comme beaucoup, il y avait cru en ce général et son discours. N'avait-il pas déclaré vouloir sauver le pays des « politiciens professionnels » ? N'avait-il pas promis de restaurer l'ordre social et de supprimer les caciques ? Non, tout ça, c'était du vent, il avait joué habilement avec tous les bords pour s'assurer leur soutien et asseoir son pouvoir. Il avait menti à tout le monde ! Et une fois en place, il avait dissous le parlement, suspendu la constitution, et c'en avait été fini des libertés. Le peuple était désormais muselé ! C'était à ce moment-là que Genaro avait décidé de s'engager auprès de la CNT, pourtant devenue illégale. Face à un gouvernement contrôlé par les militaires qui n'en avait rien à faire des pauvres gens comme lui, il n'y avait désormais qu'une seule réponse : violence et armes. Genaro tira de nouveau sur sa cigarette. Il n'en demeurait pas moins que les temps étaient durs… Et que restait-il ? Rejoindre la grande ville ? Saragosse ? Son frère Lorenzo y avait tenté sa chance et en était vite revenu. Il n'y avait pas plus de travail là-bas qu'ici. La misère était la même, voire pire. Les gens mouraient de tas de

[3] Confédération nationale du Travail – organisation anarcho-syndicaliste fondée en 1910 à Barcelone, Espagne.
[4] Alphonse XIII.
[5] Général Miguel Primo de Rivera. Suite à son putsch militaire, il dirige l'Espagne du 13 septembre 1923 au 28 janvier 1930.

maladies bizarres et on jetait même les enfants en prison pour mendicité. Que faire dans ce cas ? L'Amérique ? Ils avaient à peine de quoi subsister, alors payer la traversée… Il hésita… Il pourrait partir seul et faire venir les siens une fois installé… Il secoua la tête, non, il devait poursuivre la lutte, quoi qu'il en coûte. Il contempla le ciel zébré d'éclairs. La foudre n'était pas encore tombée. Il se retourna en entendant des pas. Reconnaissant la silhouette, il fit un signe de tête à l'attention de son frère Lorenzo. « On a entendu la dispute jusqu'à l'entrée du village. Juliana doit être à genou en train de prier pour ton âme, et implorer le pardon de Dieu… »

Mais Genaro n'était pas d'humeur à plaisanter. « Si je ne peux même plus décider du prénom de mon fils, alors que me reste-t-il en tant qu'homme ?

— Au moins, tu as des enfants toi…

— À quoi bon si je ne peux pas leur donner une vie meilleure, s'ils ne peuvent être libres de leur destin… à commencer par leurs prénoms.

— Tu parles comme un intellectuel ! Il est passé où mon frère ? »

Genaro ne répondit pas, lança son mégot au loin et ressortit son tabac. Lorenzo insista. « Écoute, mon frère… José Indalecio… Indalecio José… au final, ça ne change pas grand-chose, ce ne sont que des prénoms, ton gamin reste le même.

— Justement non… Indalecio est condamné à être comme nous, un *bracero,* alors que José sera un homme nouveau, libre ! »

À cet instant, la foudre s'abattit sur le clocher de l'église.

2
Clara
Printemps, 1976

La sage-femme étant décédée dans un accident deux jours plus tôt, Hélène n'avait pu accoucher chez elle comme pour les sept précédents. Elle avait attendu, peut-être trop, que les contractions deviennent régulières et bien rapprochées avant de donner le signal du départ. Indalecio avait alors attrapé à la hâte la petite valise préparée la veille et ils étaient partis pour la maternité peu de temps après le déjeuner, un peu dans la précipitation.

Pilar, la troisième dans l'ordre de la fratrie, âgée de 15 ans, avait reçu pour mission de veiller sur ses cadets, les aînés ne vivant plus à la maison. C'était la première fois que les enfants Gallego se retrouvaient seuls chez eux, sans la présence d'un de leurs parents. Les plus petits, Marianna et Sergio, âgés respectivement de 5 et 4 ans, commençant rapidement à chahuter, elle alluma le téléviseur dans le salon pour les tenir tranquilles avant de retourner à la cuisine finir de ranger. « Florent, Isabelle, venez m'aider, je vais pas tout faire toute seule ! » cria-t-elle.

Les deux, dix et huit ans, arrivèrent en traînant des pieds.

« Maman a dit que c'était à toi de gérer », lui lança Florent.

« Oui donc c'est moi qui donne les ordres et t'as intérêt à obéir sinon c'est le martinet qui t'attend au retour des parents ! »

Le gamin s'esquiva un court instant avant de revenir, l'air triomphant, brandissant d'une main un manche en bois, et de l'autre une dizaine de lanières en cuir. « Tu parles de ce martinet ? Et ben je l'ai scalpé ! »

Pilar ouvrit grand les yeux avant de prendre un air sévère : « Je vais leur dire que c'est toi, j'te préviens !

— Ah oui ? Et moi je vais leur dire que tu fumes en cachette, mademoiselle parfaite !

— T'as pas intérêt !

— Alors t'as qu'à dire que c'est Daniel qui est passé et qui l'a fait… qu'il avait pas l'air très net…

— Il a déjà assez de problèmes avec les parents comme ça !

— Bah justement, un de plus un de moins, ça passera presque inaperçu !

— T'es vraiment qu'un p'tit con ! »

Les pleurs d'Isabelle les interrompirent. Pilar leva les yeux au ciel, exaspérée. La cinquième était particulièrement sensible et pleurait facilement.

« Qu'est-ce qui t'arrive encore, pourquoi tu pleures ? » lui demanda-t-elle.

« Elle… elle… avait mal Maman… je… je l'ai entendue dire à Papa qu'elle saignait… vous… vous croyez qu'elle va mourir et… et c'est pour ça qu'ils sont partis ?

— Oui, probablement », répondit d'un air faussement indifférent Florent.

Isabelle se mit à hurler, et les deux plus jeunes déboulèrent aussitôt dans la cuisine. Pilar prit maladroitement sa sœur dans ses bras. « Mais non, bien sûr que non, ton crétin de frère dit n'importe quoi, comme d'habitude ! Tu sais bien qu'il fait toujours des blagues idiotes ! Ils sont partis parce que Maman va accoucher et qu'on va avoir un petit frère ou une petite sœur…

— Ou un poney… » s'esclaffa Florent.

« On va avoir un poney ? Ouiiiiii ! » s'écria Marianna en se mettant à sauter dans tous les sens. Sergio l'imita en poussant des cris.

« Ça y est j'en ai marre ! Dégage Florent ! Et ramène les petits devant la télé ! T'es content t'as fichu le bazar ! »

Le cadet lui sourit, moqueur. « T'avais qu'à pas me menacer ! Allez, les mioches, on retourne dans le salon. »

Isabelle continuait de pleurer. Pilar soupira. « Allez c'est bon, arrête de chialer, je t'ai dit qu'elle n'était pas morte, tu crois qui ? L'autre idiot ou moi ?

— Toi…

— Bon alors arrête !

— D…accord. »

Le reste de la journée se déroula sans plus d'incidents. Une fois que les trois plus grands eurent fini de ranger et de passer un coup de balai, suivant les instructions d'avant départ de leur mère, ils allèrent se vautrer devant la télévision et n'en bougèrent plus jusqu'au retour de leur père, tard dans la soirée. Pilar avait fait manger et couché les plus petits depuis longtemps déjà. Les enfants se précipitèrent vers lui. « Alors ? C'est un garçon ou une fille ?

— Une fille.

— Ouais, j'en étais sûr ! C'est qui le meilleur ? » s'enorgueillit Florent.

« Elle s'appelle comment ? » demanda Isabelle

« Clara.

— Mais… c'était pas le prénom de… de la sage-femme qui est morte ? » s'exclama Pilar, surprise.

« Si, votre mère s'est dit que le prénom était joli et elle n'avait pas d'autre idée. Bon viens m'aider à préparer des affaires pour ta mère, elle va rester un peu plus longtemps à la maternité et je dois faire un aller-retour.

— Pourquoi elle doit rester plus longtemps ?

— Parce que l'accouchement a été un peu compliqué. Mais ça va bien maintenant. »

Sans rien ajouter, Indalecio alla dans sa chambre. Il s'assit un instant sur le lit, le regard dans le vide. L'accouchement avait été très difficile, sa femme et le bébé avaient failli mourir. Il avait vraiment eu peur. Qu'auraient-ils fait, les enfants et lui, si Hélène était morte ? Il se serait retrouvé seul et… non, c'était inimaginable. Mais oui, il avait vraiment eu peur. Huit enfants, désormais… Il sentit le poids des responsabilités l'accabler. Ne pouvant rien refuser à Hélène, il n'avait jamais rien dit lors des naissances successives. Il avait continué à travailler comme un animal pour subvenir aux besoins de sa famille. Pas question de se soustraire à ses responsabilités, comme l'avait fait son propre père. Au moins, les enfants pouvaient grandir dans un foyer stable. Mais difficile. Aussi, lorsqu'Hélène s'était effondrée à l'annonce du médecin qu'elle ne pourrait plus avoir d'enfants après ce dernier-né, il n'avait su la consoler. À sa grande honte, il s'était senti soulagé. Car à la vérité, Clara, cette petite huitième et nouvelle bouche à nourrir, était un nouveau poids, de trop, sur ses épaules déjà usées. L'âge le rattrapait, son cœur était vieux.

L'arrivée de Pilar le sortit de ses sombres pensées. Ils préparèrent ensemble des affaires et il retourna à la maternité.

Une fois leur père parti, les enfants restèrent à commenter les nouvelles. « Clara… c'est quand même morbide de lui avoir donné le prénom de la sage-femme, observa Florent, sans la moindre trace d'humour.

« Au moins elle a hérité d'un prénom normal, elle », fit remarquer Pilar d'un ton acide, avant d'ajouter, un peu durement :

« De toute façon, arrivés au huitième, ils avaient forcément plus d'idée.

— Vous croyez que ça va lui porter malchance de porter le prénom d'une morte ? » s'inquiéta Isabelle.

3
Indalecio
Automne, 1933

Assis au premier rang de la petite salle de classe, Indalecio Gallego avait les yeux rivés sur le globe terrestre posé sur le bureau de l'instituteur. Le Señor Caspián l'avait fait tourner, encore et encore, pour son cours mêlant histoire et géographie, au point d'en donner le tournis aux élèves. Il les avait embarqués dans un tour du monde, sur les traces des grands explorateurs, Christophe Colomb, Vasco de Gama, Magellan… Impossible de retenir tous les noms qui avaient été cités. Certains avaient retenu leur souffle pendant que d'autres s'étaient endormis. Lorsque le maître d'école leur avait parlé du siècle d'or, quand l'Espagne était un vaste empire par-delà les mers, riche et cultivé, attirant les plus grands artistes, les regards s'étaient mis à briller. Indalecio s'était imaginé des montagnes d'or, et des festins à chaque repas. Il en avait salivé. L'enthousiasme était cependant vite retombé quand le globe s'était arrêté de tourner. L'Espagne avait tout perdu il y a bien longtemps déjà, avait conclu l'instituteur. Il s'était alors lancé dans un long discours sur l'importance de l'école pour changer le destin du pays et le faire rentrer dans le XXe siècle. Indalecio avait complètement décroché.

À l'échelle du globe, l'Espagne paraissait vraiment petite. Il se sentait minuscule et il eut une soudaine envie d'aller se cacher, comme cela lui arrivait souvent. Son monde à lui, c'était Chustosalto, les collines, les villages alentour et, au loin, majestueuses, inaccessibles,

les Pyrénées. Il n'avait rien d'un explorateur. Ce n'était pas pour rien que son frère aîné Felix le traitait souvent de froussard et de pleurnichard. Son esprit naviguant d'une idée à l'autre, il repensa à l'échange de la veille entre son père et l'oncle Lorenzo. Ce dernier se plaignait de ce que la nouvelle république[6] avait oublié les paysans. « Une république de bourgeois, bien loin de notre réalité à tous ! » Assis par terre, dans un coin, Indalecio avait observé et écouté avec attention, même s'il n'avait pas tout compris. Sa mère, mécontente, comme d'habitude sur ces sujets, les avait accusés de trop boire. Son père s'était emballé. « Il faut crever l'abcès une bonne fois pour toutes ! Prendre les armes, passer à l'affrontement ! Faire la révolution ! » Sa mère l'avait menacé avec le tison de l'âtre. Passe encore qu'il perde son temps avec ces types de la CNT, mais il avait fait une promesse et elle entendait bien qu'il la tienne ! Il n'était pas question qu'il les abandonne les enfants et elle pour aller se battre ! Elle s'était emparée de la bouteille de vin, finie la rigolade ! Son père avait alors tapé du poing sur la table. Il y aurait la guerre de toute façon et il ne se défilerait pas, ni sa famille d'ailleurs ! Ça avait été le commentaire de trop. Elle avait fichu l'oncle à la porte, avait fait monter les enfants à l'étage d'un simple regard et avait menacé son père de retourner chez ses parents s'il continuait à fricoter avec ces dégénérés de la CNT.

Indalecio gigota sur sa chaise. C'était plus la perspective de la guerre que les habituelles querelles de ses parents qui le tracassait. Devrait-il se battre lui aussi, comme avait dit son père ? Après tout, il travaillait déjà… alors, faire la guerre… un frisson lui remonta dans le dos. Il n'avait pas envie de mourir ! Il y pensait souvent, ces derniers temps, à la mort. Au point de l'empêcher de s'endormir, le soir. Il leva les yeux vers l'empreinte laissée par la croix au-dessus du bureau de l'instituteur. Le Señor Caspián l'avait décrochée à son arrivée et rangée dans le tiroir de son bureau. Quel scandale ça avait fait ! Don Francisco, avait débarqué en pleine classe et accusé

[6] Seconde République espagnole proclamée le 14 avril 1931 et dissolue le 1er avril 1939.

l'instituteur de donner le mauvais exemple. Malgré ses récriminations, le maître d'école l'avait vite expédié et il était reparti, le crucifix dans les mains. Depuis, les sermons du dimanche avaient pris une autre tournure, sans aucun détour : si l'on n'y prenait garde, l'école de la nouvelle république risquait de mener tout droit en enfer. Indalecio était perdu. Il aimait bien l'école, lui. D'abord parce que cela lui évitait d'aller garder le bétail. Courir toute la journée après les bêtes, par tous les temps, avec la peur au ventre d'en perdre une, c'était épuisant. Surtout avec la faim de tous les jours. En classe il était au chaud, bien à l'abri, et on lui donnait de quoi manger le midi. En plus, il avait l'impression d'être moins bête, à défaut d'être plus courageux. Il éprouvait beaucoup d'admiration et de respect pour le Señor Caspián qui connaissait tant de choses et parlait si bien. L'instituteur avait même dit devant toute la classe qu'il posait des questions intelligentes. À bien y réfléchir, il ne voyait pas en quoi l'école pouvait le conduire en enfer. Son père ne disait-il pas avec enthousiasme que grâce à elle, ses enfants seraient libres ?

« Maître, excusez-moi, le globe… enfin si la Terre est ronde… enfin si elle n'est pas plate comme le dit Don Francisco, alors… »

C'était la voix d'Antonio.

Indalecio se retourna vers son frère et se demanda quelle ânerie il allait sortir pour faire rire ou choquer la classe. Avec les temps difficiles, les aînés Gallego n'allaient que rarement à l'école. Il en allait de la subsistance même de la famille.
Antonio affichait son éternel sourire moqueur.

« Alors quoi ?

— Il est où l'enfer ? »

Depuis l'histoire du crucifix, il prenait un malin plaisir à lancer l'instituteur sur les questions religieuses. Il y eut quelques ricanements, mais la plupart des élèves observèrent un silence prudent, au cas où Dieu, voire pire, Don Francisco, auraient entendu. Le maître réprima un petit sourire. L'envie de nier ces absurdités lui traversa l'esprit, mais dans l'intérêt des enfants et de la paix toute relative avec le curé, il entreprit d'effacer le tableau noir, histoire de se donner un temps de réflexion quant à la meilleure réponse à apporter. Il était inutile de se mettre davantage le curé à dos. Ce dernier, à l'instar des caciques du village, avait vu d'un très mauvais œil son arrivée. Évincé de ce rôle qui lui avait été jusqu'à présent dévolu, Don Francisco n'y était pas allé par quatre chemins. « À quoi bon instruire ces *braceros* ? » Selon lui, ils n'avaient pas besoin de savoir lire et écrire pour travailler la terre et garder les moutons. Les chapelets étaient amplement suffisants pour guider et soulager leurs âmes. « À quoi bon, Señor Caspián ? » Ils allaient se mettre en tête des idées complètement farfelues venues d'ailleurs et cela n'apporterait rien de bon, ni à eux, ni au village, ni au pays. L'instituteur avait patiemment attendu avant de répondre. « Don Francisco, l'école est obligatoire, laïque et gratuite. C'est écrit dans notre nouvelle Constitution à l'article 48. » Il avait insisté. « Pour tout le monde, Don Francisco, même les *braceros*. » Il savait qu'il aurait dû s'arrêter là, mais n'avait pu s'empêcher de lui donner l'estocade. « Ainsi aurez-vous plus de temps à consacrer à votre mission première, les bonnes œuvres et les prières pour la sauvegarde des âmes de ce village. »

L'échange, quelque peu tendu, en était resté là et depuis, les deux hommes s'étaient soigneusement évités. Jusqu'à l'histoire du crucifix. L'homme d'Église avait déboulé en pleine classe, hors de lui. Rodrigo Caspián s'en était de nouveau remis à la Constitution et à son principe de laïcité avant de conclure. « Le crucifix a tout à fait sa place à l'église, mais pas en classe ». Il avait alors sorti le saint objet du tiroir de son bureau et, d'un geste un peu trop cérémonial, l'avait remis à Don Francisco. Sans plus faire cas de son visiteur, il était retourné à sa classe et, provocateur, avait demandé à la cantonade. « Qui connaît le sens du terme laïcité ? » Le curé était reparti en claquant la porte sur un « Dieu sera seul juge ! ». Depuis, les deux hommes s'ignoraient ostensiblement et les habitants du village avaient préféré rester en retrait de ce conflit. Ce qui arrangeait parfaitement les affaires de l'instituteur. Il n'avait que faire des revendications de l'Église. Il se voyait comme un représentant en mission de la république, luttant pour une nouvelle société, plus juste, égalitaire et progressiste. Il avait cependant bien conscience de l'ampleur de la tâche. Alphabétiser des populations entières, les arracher à l'ignorance et aux croyances irrationnelles n'était pas une mince affaire. Mais l'enjeu était important, il en allait de la pérennité du nouveau régime et de l'avenir de la patrie. À partir de là, chaque petite graine de connaissance et de savoir qu'il semait à Chustosalto était une victoire pour le futur. L'instituteur se retourna et parcourut sa classe d'un regard satisfait. Il n'avait rien en soi contre l'Église, il se considérait lui-même comme un bon chrétien. Elle n'avait simplement rien à faire dans les affaires de l'État. Remarquant que plusieurs élèves se grattaient la tête, il réprima une grimace. Les poux étaient de retour, quelle plaie ! Il se décida enfin à répondre à la question d'Antonio. « L'enfer n'est pas un lieu, c'est un état de souffrance de l'âme pour ceux qui ont commis des crimes et des péchés durant leur vie sur terre. »

Indalecio leva timidement le doigt.

« Oui Indalecio ?

— Don Francisco dit que notre père ira probablement brûler dans les flammes de l'enfer. Y'a quand même du feu ? »

L'instituteur se laissa à sourire. Peu étaient enclins à contester la volonté de l'homme d'Église. Les échanges épiques entre le curé et Genaro Gallego étaient bien connus du village. C'était l'un des principaux sujets de discussions et de railleries lorsqu'il allait prendre son café sur la place.

« Il s'agit d'une expression, d'une image pour dire que la punition de Dieu sera terrible.

— Comment ?

— Il ne pourra pas se reposer en paix après sa mort.

— Ah… donc il va devoir continuer à travailler, c'est ça ? »

Le prosaïsme de ses élèves ne cessait jamais de surprendre l'enseignant. C'était d'ailleurs pour lui une source d'émerveillement et d'espoir.

« Nul ne peut connaître à l'avance les châtiments de Dieu.

— Même pas Don Francisco ?

— Pas même Don Francisco. Tiens, viens me rejoindre, on va faire le système solaire, tu vas faire la terre, et j'ai besoin d'un autre volontaire pour faire le soleil. Allez que quelqu'un se décide ! »

Indalecio se prêta de bonne grâce à l'exercice, trop heureux de changer de sujet, lui aussi. Depuis qu'il allait à l'école, son cerveau était en permanente ébullition, au point de lui donner parfois mal à la tête. Rien ne collait avec ce qu'il entendait le dimanche à l'église et inversement. Un peu comme à la maison où les idées de son père, remonté contre Dieu, les prêtres, les propriétaires terriens, les bourgeois et la république se confrontaient régulièrement à la foi de sa mère. Bien qu'il préférât l'école, il devait bien reconnaître que tout ce qu'il apprenait soulevait toujours beaucoup trop de questions auxquelles il n'avait pas toujours de réponse. Au moins, à l'église, c'était plus simple, il y avait le bien et le mal, le paradis et l'enfer. Mais apparemment, de ce qu'il comprenait le dimanche, il n'y avait que les grands hommes d'Église et les gens importants qui faisaient le plus de bien. Donc qui iraient au paradis. Les autres, et surtout ceux qui disaient que la république était une bonne chose, semblaient tous plus proches du mal. Tout ça pour lui n'était vraiment pas très clair.

À la pause de midi, Rodrigo Caspián, qui était resté en classe, manipulait pensivement le globe terrestre. Les cours de la matinée avaient soulevé beaucoup d'intérêt et de questions. Outre leur apprendre à lire, écrire et compter, il souhaitait ardemment inculquer à ses élèves la connaissance qui les mènerait à la réflexion et à l'esprit critique. Son pays ne pouvait avancer qu'au travers de l'émancipation des jeunes générations, notamment les plus pauvres, les *braceros*. Deux ans déjà que, suite à la démission du dictateur Primo de Rivera et au chaos politique conséquent, le roi Alphonse XIII avait été forcé d'abdiquer. Deux ans déjà que l'Espagne avait inauguré sa seconde République[7] et que le parlement, nouvellement restauré, avait rédigé une Constitution démocratique et autonomiste. Ainsi, l'Espagne était devenue, comme il l'avait si bien appris et aimait se le réciter, « une République des travailleurs de toutes les classes, un État intégral, compatible avec l'autonomie des Municipalités et des Régions ». L'instituteur mesurait le chemin parcouru depuis son arrivée deux ans auparavant. Il avait été accueilli entre enthousiasme pour certains et perplexité pour la plupart. Sans parler du curé. Au début, seuls les plus petits, ceux qui ne pouvaient pas encore travailler, étaient envoyés en classe. Bien que l'école fût obligatoire, seule la perspective d'un repas gratuit avait convaincu les paysans d'y envoyer plus régulièrement leurs enfants plus âgés. Aujourd'hui, l'instituteur gérait trois niveaux de classe. Mieux alimentés, ses élèves avaient meilleure mine et parvenaient davantage à se concentrer. La plupart d'entre eux avaient une réelle soif d'apprendre et il était fier des progrès accomplis malgré les difficultés quotidiennes. Car tout n'était pas résolu. Selon les périodes, certains enfants, parmi les plus pauvres,

[7] La première République espagnole a duré de 1873 à 1874.

s'absentaient longtemps pour travailler et il fallait régulièrement reprendre les bases.

Il œuvrait aussi, entre autres satisfactions, à l'alphabétisation du village. Au départ, il avait proposé son aide pour les tâches administratives. Cela lui avait permis de rentrer dans les foyers, de connaître les villageois et de se faire entendre malgré la croisade du curé. Il avait fini par mettre en place des cours du soir pour adultes, y compris pour les femmes, qui avaient récemment obtenu le droit de vote. Son devoir était de les aider à l'exercer en connaissance de cause.

Les élections… Elles auraient lieu dans quelques jours et il était inquiet. La République était si jeune, si inexpérimentée et les besoins en réformes si urgents et nombreux. Depuis qu'il avait quitté Saragosse pour rejoindre Chustosalto, il réalisait dans quelles conditions travaillaient et vivaient les paysans. Les têtes pensantes du gouvernement lui paraissaient bien loin de la réalité paysanne. Et il en craignait les conséquences. À commencer par la montée des extrêmes, dans un sens comme dans l'autre.

Un bruit de moteur à l'extérieur le tira de ses sombres pensées. Il sourit et se prépara à aller accueillir les membres de la mission pédagogique. L'arrivée de cette dernière avait ouvert Chustosalto au monde moderne avec ses postes récepteurs, phonographes, appareils de projection et autres livres illustrés. La venue de la camionnette bleue était aussi attendue que les rois mages par les enfants. Souvent les anciens du village se joignaient également aux projections des films. Lors de son dernier passage, Laurel et Hardy, avec leurs chamailleries et drôles d'accent, avaient eu beaucoup de succès. À l'heure du départ, les élèves avaient pris l'habitude de se presser devant le véhicule pour l'empêcher de partir. Les klaxons continuaient de résonner longtemps après qu'il fut parti.

Après que la mission pédagogique fut repartie et la fin de la classe aussitôt sonnée, Indalecio et sa sœur Emilia allèrent jouer un moment aux billes avec d'autres enfants sur la place du village. Lorsqu'ils aperçurent Don Francisco, ils s'esquivèrent rapidement, n'ayant aucune envie de lui baiser la main. Ils ne savaient jamais s'il allait leur donner des bonbons, somme toute assez rare, ou leur donner des coups, somme tout assez souvent. Des raclées, ils en recevaient déjà assez à la maison. Ils grimpèrent la petite côte menant au cimetière où Emilia alla déposer quelques fleurs sauvages sur la petite sépulture de sa sœur jumelle mort-née. Elle s'agenouilla pendant qu'Indalecio parcourait les allées, vérifiant les nouvelles arrivées. Il connaissait les noms de toutes les tombes par cœur depuis qu'il avait appris à lire et, depuis quelque temps, il s'essayait à calculer l'âge des personnes au moment de leur décès, l'exercice étant quand même plus simple lorsqu'elles étaient mortes jeunes. Il entendit sa sœur chuchoter et la regarda d'un air envieux. Elle avait bien de la chance d'avoir quelqu'un à qui se confier, même si les aînés Leonides et Felix la traitaient de folle et que leur mère la traînait régulièrement chez le curé pour lui faire passer cette habitude de parler à une morte. Lui se sentait bien souvent seul. Pourtant il avait deux prénoms. Pour autant, ni son père ni sa mère ne le regardaient ni ne faisaient vraiment attention à lui. Et il ne se sentait pas de se livrer à ses frères et sœurs, il craignait trop les moqueries. Il tapa du pied dans un tas de pierres. Surprise, interrompue dans sa conversation, Emilia se leva d'un bond et envoya un discret et rapide baiser de la main à sa sœur avant de se retourner pour regarder les alentours d'un air inquiet. Lorsque leurs yeux se croisèrent, Indalecio prit un air penaud en guise d'excuse. Les deux parlaient peu en général. Elle lui sourit gentiment et ils partirent rejoindre leur repère derrière le cimetière pour jouer au *bandido cucaracha*[8], leur jeu préféré. Lorsqu'ils eurent volé tout l'or de la région et tout redistribué aux pauvres des environs, ils s'assirent sur le muret et attendirent en silence que le jour commence à tomber, lançant ici et là des cailloux. Antonio apparut un peu essoufflé. Ils étaient censés rentrer tout de suite après l'école pour faire les corvées, ça allait chauffer pour eux. Disant cela, l'aîné s'installa malgré tout tranquillement à côté d'eux et sortit le tabac qu'il avait réussi à dérober à son père.

« Je peux te le mettre dans la feuille ? demanda Indalecio.

[8] Robin des bois aragonais.

— D’accord, mais tu m’en perds pas, j’en ai vraiment pas beaucoup ! »

Indalecio roula précautionneusement le tabac dans sa feuille et tendit fièrement la cigarette à son frère. « Tu pourras me laisser fumer une fois aussi ? »

Antonio fit les gros yeux, l’air mécontent. « Et puis quoi encore ? Après tout le mal que je m’suis donné pour le récupérer, j’vais certainement pas partager ! » Avant de lui lancer un clin d’œil rieur. « Bon d’accord… parce que tu l’as bien roulée… mais une fois seulement ! » Indalecio sourit et se serra contre lui. Ils restèrent sur leur mur jusqu’à ce que la cigarette ne soit plus qu’un minuscule mégot puis prirent le chemin de la maison. « Dis Antonio, tu crois qu’il va y avoir la guerre comme dit Papa ? Et que nous aussi on va devoir se battre ?

— Oui, probablement. »

Indalecio s’arrêta net, sous le choc. Antonio lui ébouriffa alors les cheveux d’un geste affectueux et, prenant Emilia par la main, se mit à rire. « Enfin t’inquiète pas, frangin, tu sais ce que dit Maman, y’a que les imbéciles qui font la guerre. Donc y’a que Felix qui pourrait y aller ! »

Il faisait nuit. L'unique *tasca*[9] du village ne pouvant contenir tout le monde, des îlots de chaleur faits de braseros avaient été installés sur la place pour l'occasion. Tables et chaises y étaient accolées et un gros poste de radio diffusait depuis une haute commode. Il régnait un brouhaha en attendant les résultats des élections générales. On sentait que les esprits s'échauffaient, aidés par le vin et l'*aguardiente*[10], les hommes étaient nerveux, les gestes brusques, le verbe haut. Les paris étaient lancés et on entendait çà et là des femmes priant les saints patrons. Les villageois avaient voté tout de suite après la messe et depuis on attendait. Les groupes s'étaient naturellement formés. Le curé, les *caciques* et la *guardia civil*[11], privilège oblige, se tenaient au plus près du poste de radio, les femmes restaient entre elles, et les hommes s'étaient rassemblés par affinités politiques. Chaque clan y allait de son analyse et de son pronostic. L'instituteur, placé stratégiquement en retrait, gardait sa neutralité d'observateur politique. Les enfants passaient d'une table à l'autre, vidant un verre ici, picorant une assiette par là. De son côté, Indalecio attrapait adroitement un morceau de pain lorsqu'Eulalio, le menuisier, interpella son père :

« Alors Genaro, tu dois être content, si les fascistes passent, ça sera un peu grâce à toi quand même… et à tes copains de la CNT ! »

Genaro écrasa son poing sur la table tout en se levant. « Comment oses-tu m'accuser MOI de favoriser les fascistes !

— Parce que contrairement à toi, Genaro, MOI j'ai voté !

— Voter ? Laisse-moi rire ! Et pour quoi faire, pour qui ? Ils se valent tous ! Y'en a pas un qui pense aux gens comme nous ! Comme

---

9 Gargote.

10 Eau-de-vie.

11 Gendarmerie.

toujours ! C'est pas une élection, mais une farce et la CNT ne marche pas là-dedans !

— Lâche-nous avec tes anarchistes ! » fusa une voix à une autre table.

Genaro chercha du regard d'où avait pu venir le commentaire. Il se servit une nouvelle rasade d'*aguardiente,* et levant bien haut le poing, se mit à scander :

« Abstention ! Abstention ! Abstention ! »

Une serviette vola dans sa direction. « Gallego ! Quand est-ce que tu vas la fermer bordel ! Ouais, ferme-la Genaro ! »

Venant également de plus loin :

« Écoute plutôt ça Genaro, c'est ce qu'ils auraient dû vous apprendre à la CNT : Votez pas ! Fermez-la ! Allez tous ensemble : CNT ! Votez pas ! Fermez-la ! CNT ! VOTEZ PAS ! FERMEZ-LA ! »

Une partie de la place se mit à scander à l'unisson. Le curé, ayant aussi profité du vin pour se réchauffer, dodelinait de la tête en marquant le tempo sur la table, un sourire aux lèvres. N'en supportant pas plus, Genaro fit mine de s'élancer sur la table voisine. Lorenzo le ceintura pour le tempérer. « Calme-toi mon frère ! »

Indalecio, qui s'était réfugié sous la table, laissa sa main se promener à l'aveugle dans l'espoir de tomber sur un verre. Il en avait déjà fini trois et une douce chaleur avait envahi son corps. En entendant la voix du curé, il se figea, et retint son souffle. « Señor Gallego, voyons ! Nous sommes en République, tout le monde a le droit de s'exprimer… en son âme… et conscience. »

Le ton chargé d'ironie n'échappa pas à Genaro qui cracha son mégot de cigarette et répondit aussitôt. « Cette République est corrompue par les mêmes qui étaient là avant ! Ça ne sert à rien de voter quand tout est faussé. Au final pour nous ça ne changera rien, jamais ! »

Don Francisco se tourna alors vers l'instituteur, un petit sourire en coin. « Voyez-vous cela Señor Caspián, vous représentez donc une institution corrompue. Et tout ce que vous faites ne changera rien, semble-t-il, pour tous nos braves *braceros*. C'est une grave accusation que nous avons là ! Je vous avais pourtant prévenu… »

Un silence tomba sur la place et tous les regards se portèrent sur Rodrigo Caspián. Ce dernier, loin de se laisser impressionner, se redressa. « Je pense que Don Gallego fait référence aux institutions qui existaient bien avant la République, à savoir les propriétaires terriens, vous, l'Église donc, et la grande bourgeoisie, qui au fur et à mesure du temps ont délaissé toutes leurs responsabilités pour ne garder que les avantages tirés du peuple. Bref, la dîme sans les obligations. » Il marqua une pause et soutenant le regard du curé. « La République n'est pas un système parfait, il n'en existe pas, mais c'est à mon sens le moins mauvais. La plupart des difficultés de notre République sont héritées de l'ancien régime, nous en convenons tous mon père. » Se tournant alors vers Genaro. « Il est néanmoins important, et même essentiel, que tous participent à l'effort électoral. Et que tous aient la force morale pour en accepter le résultat. La construction d'une démocratie saine demande un effort long et collectif, c'est pour cela que je réprouve le positionnement de la CNT. Parce qu'en s'excluant du débat, elle s'exclut des discussions et ne peut donc plus apporter son soutien ou proposer les réformes nécessaires. » Indalecio, qui s'était laissé captiver par la leçon de l'instituteur, sentit soudain une vive douleur à l'oreille. C'était sa mère. Juliana, traînant le gamin, s'adressa à son mari. « C'est comme l'a dit le Señor Caspián ! Vu que t'as pas voté, tu ferais bien de surveiller ton fils qui chaparde les restes et finit tous les verres ! »

Un éclat de rire général dissipa aussitôt l'attention et le brouhaha des discussions reprit sans tarder. Indalecio se dégagea de la prise de sa mère, mais se retrouva face à son père qui le fit déguerpir d'un coup de pied au derrière. Il fila se faire oublier dans un coin, la larme à l'œil.

Soudain, il y eut des « Chut, chut, taisez-vous ! ». Le silence se fit et les oreilles se tendirent pour l'annonce des résultats. Enfin, la nouvelle tomba. La droite avait gagné. Des « Vive l'Espagne » jaillirent d'une partie de la foule. L'autre, sonnée, se mura dans un silence de plomb. Les *caciques,* triomphants, levèrent leurs verres pour trinquer avec le curé et les hommes de leur camp. La plupart des femmes se mirent à applaudir. Elles avaient suivi les conseils de Don Francisco et de fait, elles avaient gagné. Les perdants, ceux qui avaient voté à gauche, étaient trop abasourdis pour réagir. Ils commencèrent à quitter les lieux, tête basse. Beaux joueurs, Rodrigo Caspián et quelques rares villageois allèrent féliciter leurs opposants politiques en leur serrant la main. Juliana, redoutant un nouvel éclat de son mari, rassembla sa famille et enjoignit à Genaro de rentrer à la maison avec eux. Pour une fois, il obéit. « J'espère que tu es contente !

— Oui, j'ai voté en mon âme et conscience.

— Ah oui, c'est vrai, la voix de Dieu… Il t'a peut-être même dit pour qui voter !

— Bien sûr que non ! Enfin… pas plus que toi.

— Le vote de ton Dieu ne nous mènera qu'à une chose, la guerre !

— Bon sang Genaro ! Pour faire la guerre, il faut deux choses : un imbécile… et un autre imbécile ! » dit-elle en le pointant du doigt.

4
Indalecio
Été, 1936

L'oreille distraite, Indalecio percevait la leçon du jour comme un bourdonnement lointain et monotone dans la chaleur écrasante de la salle de classe. Il avait beaucoup manqué l'école ces dernières semaines et éprouvait beaucoup de difficultés à se concentrer. Son père étant de plus en plus accaparé par la CNT, leur mère avait dû envoyer les plus jeunes au travail. Les disputes étaient de plus en plus courantes, et violentes à la maison. Plus d'une fois, Felix et Antonio avaient dû s'interposer entre les parents, craignant qu'ils n'en viennent aux mains. Les enfants Gallego étaient partagés. Felix accusait leur père de ne penser qu'à lui et à sa fichue CNT, Leonides trouvait leur mère bien trop autoritaire et injuste avec leur père, quant à Antonio, il comprenait les convictions de son père, mais avait du mal à accepter son sens des priorités et les conséquences sur leur famille. Emilia ne s'exprimait guère, mais elle redoutait ce père semi-absent et trop souvent en colère. Quant à lui, Indalecio, il ne savait que penser. Il croyait son père quand ce dernier affirmait qu'il faisait tous ces sacrifices pour assurer un avenir à ses enfants. D'un autre côté, lorsqu'il disparaissait des jours entiers, sans donner de nouvelles, les laissant sans argent, il les mettait vraiment dans la panade et l'empêchait, lui, d'aller en classe. L'école n'était-elle pas censée assurer son avenir, aussi ? Il entendait certains du village dire que son père trempait dans des affaires pas très claires et que cela allait mal se terminer pour lui. L'oncle Lorenzo et lui prenaient souvent des airs de conspirateurs, parlant à demi-mot, sortant de la maison pour ne pas être entendus… Tous ces mystères l'intriguaient tout en l'inquiétant, et il aurait bien voulu questionner son père. Mais il se sentait trop intimidé par cet homme qui ne lui adressait que rarement la parole. « Le problème frangin, c'est ton prénom », lui avait expliqué Antonio. Indalecio se demandait souvent si sa vie aurait été différente s'il s'était appelé José, comme son père l'avait souhaité. Aurait-il été un autre garçon, plus intelligent, courageux et bagarreur ? Remisant toutes ces pensées dans un coin de sa tête, il leva le doigt. Pour l'heure, il avait une question plus importante à régler.

« Oui Indalecio ?

— Maître, quand est-ce que la mission pédagogique va revenir ? »

Les autres élèves sortirent aussitôt de leur torpeur, piqués d'intérêt. « Ah oui, c'est vrai maître, quand est-ce qu'elle va passer ? Ça fait longtemps !

— Silence tout le monde ! »

L'instituteur attendit le calme avant de reprendre. « Comme vous le savez, il s'est passé beaucoup de choses au sein de notre République ces dernières années. Des choix ont été faits… » Il laissa échapper un léger soupir. « Les budgets pour l'éducation et la culture ont été réduits… » Il parcourut du regard la classe. « Et malheureusement la mission pédagogique n'a plus les moyens de passer dans tous les villages. »

Il s'assit à son bureau et laissa libre cours à la déception des enfants. Il se sentait las, seul, et abandonné, comme ses élèves. Depuis les élections trois ans auparavant, tout allait de mal en pis. La droite s'était acharnée à défaire ce que le précédent gouvernement avait mis en place, notamment en matière d'éducation. La gauche était revenue au pouvoir lors des dernières élections, mais comment se réjouir ? La campagne électorale avait été houleuse, violente et il était de notoriété publique que les résultats avaient été truqués. Les journaux faisaient régulièrement état des grèves, de la violence ambiante entre les milices ouvrières et les opposants à la République, des expropriations, et des conflits entre les paysans et la *guardia civil*. Les partis eux-mêmes prenaient les armes et on ne comptait plus les assassinats d'hommes politiques. En lisant les nouvelles d'Allemagne, d'Italie ou de l'Union soviétique, il se demandait à quelle sauce l'Espagne allait se faire manger. La bolchevique ou la fasciste ? Son pays avait perdu la raison et cela se terminerait dans le sang, il en était convaincu. Il secoua légèrement la tête. Au moment où il se levait pour reprendre la leçon, il fut interrompu par des cris venant de l'extérieur. « La guerre est déclarée ! »

Il se précipita à l'extérieur de la classe, les élèves dans son sillage. « La guerre est déclarée ! La guerre est déclarée ! » criait-on dans les rues.

Il se retourna vers ses élèves et d'un ton fataliste, laissa échapper un « Que Dieu nous vienne en aide ! »

La guerre était déclarée. Les villageois avaient délaissé leur travail pour se réunir sur la place du village. Tout le monde voulait des nouvelles et se voir confirmer la rumeur. Partout, on entendait des « ça ne peut pas être possible ! Mais qu'est-ce qu'on va faire ? On n'a même pas d'armes ! ». Personne ne comprenait, mais le désarroi et la peur commençaient à monter dans les esprits. Le gros poste de radio avait été sorti et tout le monde se pressait autour. Indalecio parvint à se glisser relativement près de l'appareil. Une voix grésillante annonçait en boucle qu'une partie de l'armée s'était soulevée au Maroc et qu'elle avait envahi le sud de l'Espagne. Les généraux revendiquaient une Espagne nouvelle, débarrassée du chaos et de l'anarchie provoquée par la IIe République, et un retour aux valeurs fondamentales du pays. Le gouvernement se voulait rassurant vis-à-vis de la population, cette insurrection allait vite être réprimée. Indalecio s'attarda encore un peu avant d'aller retrouver ses frères et sœurs à l'arrière de la foule. Felix était blanc comme un linge et s'agitait dans tous les sens, Leonides pleurait bruyamment et Antonio, droit comme un i et le regard perdu, avait perdu son sourire. Il alla se caler à côté d'Emilia qui lui prit la main et la serra. Ça y est, ce qu'il avait tant redouté était arrivé : la guerre. Et même si la radio disait qu'elle serait de courte durée, « *ils ne passeront pas* ! » il avait peur. Comme tout le monde, d'ailleurs. Il aperçut un peu plus loin sur le côté sa mère qui s'agrippait au bras de son père. Ce dernier avait le visage grave. Il serra sa femme contre lui avant de lui déposer un baiser sur la tempe. C'était bien la première fois qu'Indalecio voyait ses parents aussi proches, et il s'inquiéta d'autant plus.

Malgré ce qu'avait annoncé le gouvernement, les jours et les semaines passant, force fut de constater que le pays était bel et bien en guerre. La radio était allumée en permanence et les villageois se relayaient autour de la radio qui restait allumée en permanence. Les vagues tentatives de compromis n'avaient abouti à rien. Le gouvernement républicain, en dépit de ses messages rassurants, n'était pas capable de réprimer l'insurrection militaire à laquelle, pourtant, seule une faible partie de la population s'était ralliée. Face à la désorganisation du gouvernement, la CNT avait commencé à s'armer et à défendre certaines grandes villes comme Barcelone d'où elle réussit à expulser rapidement les militaires. À Madrid, des armes furent enfin distribuées aux civils et milices ouvrières, permettant ainsi de maintenir la capitale sous contrôle des républicains. Après quelques semaines seulement et l'avancée des victoires de l'insurrection militaire sur le terrain, le pays était déjà coupé en deux zones, de superficies à peu près égales : d'un côté les nationalistes[12], avec la Navarre, la Castille-et-León, la Galice, l'Andalousie occidentale, ainsi que les grandes villes d'Aragon, et de l'autre les républicains, qui conservaient la Catalogne, Madrid, le Pays basque, les Asturies et le Levant. Le coup d'État militaire avait finalement déclenché la révolution si chère à Genaro. Les ouvriers ayant reçu des armes, les patrons, inquiets, s'étaient enfuis ou avaient rejoint les troupes nationalistes. Tant et si bien que les organisations ouvrières s'étaient approprié les entreprises. Du côté des paysans aussi, les choses bougeaient rapidement, avec des mouvements de collectivisation. À la grande joie de Genaro, les anarchistes, à l'instar des communistes, étaient entrés au gouvernement.

Telle était la situation après quelques semaines. Cependant, la guerre n'avait toujours pas atteint Chustosalto, où la vie continuait presque normalement, au grand soulagement d'Indalecio. Il se disait que peut-être les soldats n'arriveraient jamais jusqu'à son village, ne l'ayant pas trouvé sur la carte. Il faisait souvent le même rêve, son village encerclé par les troupes, les villageois, armés, prêts à se défendre, attendant le signal. Et au moment où l'assaut était lancé, un messager annonçait la fin de la guerre. Il ne mourait pas, reprenait l'école, et tout redevenait comme avant.

[12] Membres du camp nationaliste, nom que se sont donné les insurgés militaires.

Seule distorsion à cette quasi-normalité, ses parents qui ne se disputaient plus, et ce, malgré les absences de plus en plus longues de son père.

5
Clara
Printemps, 1982

Incapable de se concentrer, Clara décrocha de la leçon. D'habitude, elle s'interdisait de rêvasser en classe, bien que la tentation de s'envoler loin de tout fût constante chez elle et l'objet d'une lutte permanente. Mais cette fois, c'était différent. Elle se repassa les évènements de la semaine.

Quelques jours plus tôt, la police avait débarqué tôt le matin. Tout le monde avait été sorti du lit et rassemblé dans le salon. Les policiers avaient d'abord questionné ses parents sur Daniel, l'aîné des Gallego. Le ton était dur. Sa mère pleurait, et son père avait les mains qui tremblaient. Les deux avaient bien du mal à parler et n'arrêtaient pas de se regarder, l'air à la fois perdu et effrayé. « On vous assure, on ne l'a pas vu ! » La police avait ensuite parlé avec chacun de ses frères et sœurs avant de l'interroger, elle :

« Est-ce que tu as vu ton frère Daniel ? »

Effrayée, elle avait d'abord interrogé du regard sa mère qui lui avait fait signe de répondre. « Non. »

Elle avait gardé pour elle que, de toute façon, elle aurait été bien incapable de le reconnaître si elle l'avait vu. Cela faisait plus de deux ans qu'il était en prison pour attaque à main armée dans un magasin. Elle était trop petite encore quand cela était arrivé pour se souvenir de lui. À peine avait-elle l'image d'une silhouette, de cheveux longs. Et il n'y avait pas de photos de lui à la maison. Elle aurait pu regarder dans les albums photos, mais elle n'en avait jamais ressenti le besoin.

À quoi bon ? Il n'était pas là, personne n'en parlait jamais, il n'y avait donc pas de question à se poser. Du moins jusqu'à ce matin-là.

Les policiers avaient alors expliqué que Daniel s'était échappé de la prison de Fleury-Mérogis pendant la nuit, et qu'ils le recherchaient. Ils avaient ensuite procédé à une fouille minutieuse de l'appartement, avant de repartir. « Si vous avez des informations, faites-le-nous savoir, c'est dans son intérêt, et le vôtre », avaient-ils averti avant de claquer la porte derrière eux.

Après un long moment de flottement, sa mère avait séché ses larmes, expédié les enfants dans leurs chambres pour qu'ils s'habillent, et s'était affairée à préparer le petit déjeuner. Pendant ce temps, son père s'était préparé pour aller au travail. Il n'avait pas prononcé un seul mot.

« Tu ne manges rien avant de partir ? » lui avait demandé sa mère en le voyant prêt à partir, sa gamelle sous le bras.

« Je n'ai pas faim et je vais être en retard ! » lui avait-il répondu d'un ton rageur, avant de quitter l'appartement en claquant la porte, lui aussi.

Voyant leur mère essuyer une larme discrètement, les enfants avaient tous baissé les yeux dans leurs bols. Clara avait pleuré silencieusement et pour une fois personne ne l'avait traitée de pleurnicharde.

À peine avait-elle séché ses larmes que ses frères et sœurs s'étaient animés. Florent avait lâché un « trop fort le frangin ! » qui lui avait valu une claque derrière la tête de sa mère, tandis qu'Isabelle avait supplié pour ne pas aller au collège. Elle avait très mal vécu l'arrestation de son frère, deux ans plus tôt, entre les titres dans l'Écho républicain, les questions des professeurs, l'admiration des uns, et les moqueries des autres. Depuis, elle faisait de la spasmophilie, un mot que Clara s'était longtemps entraînée à prononcer. « SPAS… MO… PHI… LIE ».

« Maman, tu crois qu'il est où Daniel ? » avait demandé Marianna.

« Comme si je le savais ! T'as bien entendu ce qu'on a dit aux policiers ? On ne sait pas, comme on n'a jamais rien su pour tout le reste !

— Et tu crois qu'il a fait comment pour s'échapper ? Un trou dans le sol ? Comme dans les films ? » avait enchaîné Sergio.

« Mais quelle question ! Comment veux-tu que je le sache ! Ton frère a toujours été intelligent, ah ça oui, mais pas dans le bon sens malheureusement ! Allez, ouste, sortez de table et dépêchez-vous de vous préparer, c'est par le moment de vous faire remarquer en étant en retard à l'école ! »

À l'exception d'Isabelle qui avait commencé à avoir des spasmes, tous les enfants étaient partis à l'école et au lycée avec pour la consigne qui n'avait rien de nouveau de ne parler à personne de leur frère. Tout le monde finirait bien par l'apprendre, mais le plus tard le mieux. Et peut-être que d'ici là, avec un peu de chance, on aurait retrouvé Daniel et fin de l'histoire, il n'y aurait plus rien à raconter. Ils pourraient alors reprendre leur vie, comme avant.

La police avait mis trois jours à retrouver le fugitif. Trois jours durant lesquels sa mère était sortie en rasant les murs de la cité, et son père s'était montré encore plus colérique que d'habitude, cherchant des histoires à tout le monde et distribuant des raclées à tout va. Il avait du mal à parler français correctement et il jurait beaucoup en espagnol. Sa sœur, Pilar, était passée. Elle aussi avait reçu la visite de la police dans l'appartement où elle venait d'emménager. Elle était restée dîner un soir, mais, comme à son habitude, n'avait pas dit grand-chose. Difficile de savoir ce qu'elle pensait ou ressentait. Montse, l'aînée, n'avait pas donné de nouvelles, bien que sa mère ait tenté de la joindre plusieurs fois par téléphone. Cela avait beaucoup énervé son père qui avait fulminé toute une soirée. Elle allait prendre cher quand elle repointerait son nez ! L'information était sortie rapidement dans l'Écho républicain, aussi les Gallego n'avaient-ils pu échapper à la curiosité et aux questions des voisins, des enseignants, des collègues, des copains de classe et de la cité… Durant toute cette période, Clara s'était mise à l'écart à l'école et n'avait pas voulu sortir dans la cité. Ne pas parler de cette histoire, ne pas pouvoir se confier, tout cela était bien lourd à porter. Elle s'était sentie très seule et, sans savoir pourquoi, honteuse. Pourtant, tout ça n'était pas de sa faute…

Un soir, ses parents s'étaient disputés, très fort. Cachée sous ses couvertures, Clara avait eu très peur. Son père n'arrêtait pas de crier. « Tout ça, les drogues, l'attaque ! C'est de ta faute s'il est devenu comme ça !

— Ah bien sûr, c'est de ma faute, parce que toi tu n'y es pour rien ! Bien sûr, vu que tu n'es jamais là, c'est pas de ta faute hein ? Ah oui, c'est tellement facile d'accuser les autres quand on n'est pas là !

— Tellement facile quand je suis pas là ? Je me tue la santé sur les chantiers pour vous nourrir et vous vêtir, pour que vous ne manquiez pas comme moi j'ai manqué ! C'est pas suffisant peut-être ! Depuis que je suis arrivé en France, j'ai toujours fait ce qu'il fallait pour m'intégrer, je n'ai jamais fait de vagues ! J'ai tout fait pour ne pas être renvoyé en Espagne et mériter ma place ici ! J'ai toujours respecté la loi, sans me plaindre, même quand des fois y'avait des choses qui n'étaient pas justes. J'ai courbé l'échine comme on dit ! Je me suis fait traiter de métèque, j'ai ignoré les commentaires de ta mère… ! Tu n'as pas idée tout ce que j'ai enduré ! Et ce p'tit con, il l'a eu trop facile, qu'est-ce qu'il a cru ? Il n'a pas compris qu'on doit rester à notre place. Il jette la honte sur notre famille, comme si on avait besoin de ça ! Et comment c'est arrivé tout ça, hein ? Moi je ne peux pas savoir vu que je me tue au travail ! C'est toi qui t'occupes des enfants, alors tu dois bien savoir ! »

En entendant sa mère éclater en sanglots, Clara s'était mise à pleurer.

« Arrête de pleurer ! » avait grondé Marianna, dans le lit d'à côté.

« Je… je peux pas… Papa il… il est… méchant avec Maman… hein que c'est pas de sa faute à Maman, ce qu'il a fait Daniel ? Il crie trop, tu crois qu'il va taper Maman ?

— Bien sûr que non… il crie, mais y'a qu'à nous qu'il colle des torgnoles, pas à Maman !

— Mais pourquoi il dit que c'est de sa faute à Maman ?

— Parce que faut bien que Papa trouve un coupable ! Daniel, il est assez grand pour savoir ce qu'il fait ! Alors, arrête de pleurer, ça servira à rien et il va rien se passer, c'est juste une dispute ! T'es tout le temps en train de chouiner, c'est pénible à la fin ! »

Clara avait fini par sécher ses larmes, mais ne s'était pas endormie tout de suite. Elle en avait terriblement voulu à son père d'avoir fait pleurer sa mère. Elle s'était dit qu'elle ne l'aimait pas, ce père qui ne la regardait jamais, qui ne s'adressait à elle que pour la houspiller. Elle ne l'aimait pas parce qu'il lui faisait peur, avec ses colères intempestives. Elle ne l'aimait pas parce qu'il était là sans être là. Elle avait fini par s'endormir, enveloppée de colère.

Clara revint au présent. Ça voulait dire quoi rester à sa place ? Quelle place ?

À la sortie des classes, elle aperçut son frère Florent qui l'attendait. Elle se précipita dans ses bras. « Tu es venu me chercher ! »

Il lui sourit gentiment, pas de son habituel air moqueur. « Oui, j'ai dit à Maman ce matin que je passerai chercher ma petite sœur préférée en vélo, mes cours terminaient plus tôt. » Il enfourcha son vélo de course, puis hissa la petite sur le cadre. Elle s'agrippa au guidon comme elle avait l'habitude de le faire et son frère démarra. Il pédalait vite et elle sentit le vent léger sur son visage. Elle tourna la tête pour regarder son frère d'un air d'adoration. Oui, son frère était le plus beau, le plus grand, le plus fort ! Il l'emmenait sur son vélo, jouait avec elle et lui parlait toujours gentiment. Surtout, il faisait attention à elle. Oui, elle l'aimait par-dessus tout, pour toujours. « Florent… ?

— Hmmm ?

— Ça veut dire quoi rester à sa place ?

— Tu m'en poses des questions ! Laisse-moi réfléchir… Ça veut dire ne pas faire de vagues, ne pas se faire remarquer, se la fermer… ne pas la ramener… pourquoi tu demandes ?

— L'autre soir, la dispute… Papa a dit qu'on devait rester à notre place.

— Ah oui… bon… Papa dit qu'on est des ouvriers… je sais pas trop, mais comme il est français, mais pas complètement à cause de son nom et de son accent espagnol… il est pas très à l'aise… enfin, je crois. Et puis il dit qu'on est pauvres, et que pour les pauvres, tout est toujours plus difficile, qu'on n'a pas le droit à l'erreur, sinon c'est pire. Pas comme pour les riches qui s'en sortent toujours. »

Clara resta silencieuse. Elle n'était pas sûre de bien comprendre cette histoire de place. Passant d'une idée à l'autre, elle se dit qu'elle aimerait bien voir à quoi ça ressemblait l'Espagne. Son frère lui avait raconté qu'ils y étaient déjà allés, une journée, lorsqu'elle avait un an. Elle avait entendu ses parents parler d'y retourner cet été, pour de vraies vacances. Elle espérait qu'ils iraient, et que les disputes s'arrêteraient.

6
Indalecio
Été, 1936

Indalecio recompta pour la énième fois son troupeau. Pas question de perdre une seule bête. Non seulement il ne serait pas payé, mais il se ferait probablement bastonner, en plus de perdre son travail. Il faisait encore terriblement chaud en cette fin septembre. La terre était sèche et il fallait aller de plus en plus loin pour trouver des endroits où faire paître les bêtes. Marcher et courir après les brebis toute la journée par cette chaleur, l'estomac à moitié vide, était épuisant. Après avoir rassemblé son troupeau sur un minuscule coin de verdure, il s'installa à l'ombre d'un rocher pour une halte. Les lézards se faufilèrent ici et là. Il but à sa gourde et, faisant visière de sa main, contempla le lointain. Tout ici était si calme. Pas de cris, pas de disputes, pas de coups, pas de problèmes tout court. Juste le bêlement des bêtes et le chant des criquets. Juste l'odeur des fleurs sauvages. Il avait l'impression que tout cet espace lui appartenait. Il n'y avait que lui. Il se demanda d'un coup s'il allait devenir analphabète étant donné qu'il ne fréquentait plus beaucoup l'école ces derniers temps. Son père parlait souvent des dangers qu'ils encouraient si les nationalistes, ceux qui avaient déclenché la guerre, gagnaient. Il parlait de dictature, de la fin des libertés, de la perte de leurs droits… Pour Indalecio, cela se traduisait par ne plus aller à l'école, de ne plus avoir de travail et… mourir de faim, probablement. La faim, il connaissait très bien, mais de là à… Il essaya quelques instants de s'imaginer en train de mourir de faim. Sur le point de défaillir, il chassa bien vite ces images de son esprit. Ce n'était franchement pas le moment de penser à ça ! Il se demanda si les républicains allaient perdre la guerre. Il avait entendu son père pester contre la décision du gouvernement de dissoudre et désarmer les milices au profit d'une seule armée régulière. « Ces idiots n'ont pas compris que c'est l'énergie et la volonté de vaincre des ouvriers qui ont permis de repousser les militaires une première fois ! Si on leur retire les armes, on va perdre c'est sûr, et finie la révolution ! »

Repérant une brebis qui s'éloignait, il se leva et alla vite la remettre dans le rang. Il sentit son ventre gargouiller et soudain, l'école, et surtout le repas du midi, lui manquèrent terriblement. Maître Caspián aussi. La chaleur associée à la lumière faisait ondoyer le paysage. Il trouvait cela très beau. Des larmes lui montèrent aux yeux et sa vue se brouilla. Essuyant ses pleurs et secouant la tête, il se ressaisit. Ce n'était pas le moment de perdre une bête !

La nuit commençait à tomber lorsqu'il ramena son troupeau au complet. Après avoir récupéré ses quelques *pesetas*, il reprit le chemin de Chustosalto. Il se sentait cuit. En arrivant au village, il se demanda si son père serait rentré ce soir. Des jours que personne ne l'avait vu. Sa mère avait recommencé à pester, et les voisins jasaient.

Rejoignant sa rue, il aperçut du monde devant chez lui. Il s'inquiéta et accéléra le pas. Ce qu'il entendit n'augurait rien de bon. « Ça devait finir par arriver, lui et ses idées ! » « Mais qu'est-ce qu'il a bien pu faire ? » « Ça fait un bail qu'on l'a pas vu ! ». Indalecio força le passage et rentra en refermant aussi sec la porte derrière lui. Là, il découvrit les trois hommes de la *guardia civil*. Il prit peur. « C'est le p'tit dernier ? Hé gamin, tu sais où se trouve ton père ? »

Il chercha du regard sa mère. Cette dernière se tenait de l'autre côté de la pièce, ses frères et sœurs collés à elle. Sa peur devint glaciale en lisant la crainte sur leurs visages. Il voulut les rejoindre, mais fut stoppé dans son élan par l'un des hommes. « Qu'est-ce qui t'arrive, t'es idiot ou quoi, t'as perdu ta langue ? »

Terrorisé, il fit non de la tête. L'homme lui donna alors une chiquenaude avant de se tourner vers Juliana. « Je te l'demande une dernière fois, où se trouve ton putain de mari ?

— Bon sang, je vous l'ai déjà dit, je n'en sais rien ! Ça fait des jours qu'on ne l'a pas vu et qu'on trime avec les enfants… si je savais où il est, je serais moi-même allée le chercher ! »

Les hommes se mirent alors à fouiller partout sans ménagement, renversant, jetant à terre, cassant. Juliana et les enfants s'écartaient prudemment de leur passage. Après avoir tout retourné, ils montèrent à l'étage. Antonio se précipita derrière eux. « Puisqu'on vous dit qu'on sait pas où il est ! Y'a rien là-haut ! »

Il y eut un bruit de bousculade et des cris. Juliana s'élança dans les marches à son tour « Antonio, redescends tout de suite ! »

L'enfant réapparut en se frottant le front et elle l'attrapa vivement par le bras pour l'envoyer vers ses frères et sœurs. Elle resta indécise un instant, au milieu des escaliers, avant de se décider à redescendre. Elle commença à remettre de l'ordre. « Allez, bougez-vous, aidez-moi ! » ordonna-t-elle à ses enfants.

Les hommes redescendirent et acculèrent Juliana dans un coin. « C'est grave ce qu'il a fait ! S'attaquer à l'Église ! Dis-nous où est ton putain de mari ! »

Entendant cela, son visage blêmit. « Je ne suis pas au courant de ses agissements ! Demandez à Don Francisco, ça fait des années que je bataille pour le remettre dans le droit chemin et qu'il arrête ses folies !

— Arrête tes histoires, tu dois savoir quelque chose ! Tu finiras bien par parler ! »

Ils l'attrapèrent et commencèrent à la traîner derrière eux. Elle tenta de résister, mais, incapable de se dégager, elle se mit à crier. Les plus grands se jetèrent alors sur les hommes. Mais ils ne faisaient pas le poids et ils furent vite envoyés à coups de matraque au fond de la pièce. Leur mère fut tirée à l'extérieur. À l'intérieur, les enfants, sous le choc, se regardèrent un instant avant de se relever et de se précipiter à leur suite.

Juliana fut emmenée à la mairie. Tous les voisins étaient dans la rue. Arrivé devant l'édifice, sans réfléchir, Indalecio se faufila entre les notables du village qu'on invitait à entrer et alla rapidement se cacher derrière l'âtre situé dans un coin du hall. Il se fit tout petit pour éviter qu'on le remarque puis se déplaça précautionneusement pour pouvoir observer sans être repéré. Le maire se tenait droit et les notables et leurs épouses s'étaient rassemblés en cercle derrière lui face à la *guardia civil* et sa mère. « Où est ton traître de mari ? »

Juliana interpella Don Francisco qui se tenait le dos tourné dans un coin de la pièce. « Mon père ! La Sainte Vierge m'en soit témoin, je ne sais pas où est Genaro ! »

L'un des hommes la gifla, une fois, puis deux. Elle tomba au sol et ce fut le signal. Les trois gardes la rouèrent de coups, méthodiquement. Hurlant de douleur, elle tenta de se protéger, mais on lui bloqua rapidement les bras. Indalecio se couvrit les yeux jusqu'à ce que le bruit s'arrête. Une des femmes s'approcha et, s'agenouillant, lui fit boire le contenu d'une flasque. S'étouffant à moitié, Juliana recracha un mélange de liquide jaunâtre et de sang.

« Allons Juliana, parle, tu sais quelque chose ! »

Recroquevillée sur le parquet, tentant de reprendre sa respiration, Juliana n'arrivait pas à parler. La femme, jurant, lui asséna une gifle. Don Francisco intervint. « Assez ! Ici nous sommes tous chrétiens ! » Il s'avança jusqu'à Juliana. « Juliana, tu es une bonne chrétienne, tu n'es pas comme ton mari, dis-nous où il est, la moindre information peut nous servir, ce n'est pas à toi de payer pour ses péchés. Si tu choisis la voie de Dieu, l'Église saura te protéger. »

Juliana leva son visage tuméfié vers lui, d'un air suppliant, et au prix d'un immense effort parvint à articuler. « Mon Père, Dieu… Dieu sait que je… que je ne mens pas, je ne… je ne sais rien ! »

Don Francisco la regarda longuement. Son visage se durcit. « Tu tournes le dos à Dieu, je prierai pour ton âme et celle de tes enfants. » Se détournant, il fit un léger signe de tête à la *guardia civil*. « Allez-y. »

Les gardes la relevèrent et la maintinrent fermement. Les notables et les épouses s'avancèrent alors et se déchaînèrent en une orgie de violence, la frappant avec ceinturons, sacs et badines. Le maire et le prêtre s'étaient détournés. Juliana fut de nouveau à terre. Elle hurla et supplia tant qu'elle pût, mais rien ne semblait pouvoir arrêter cette déferlante de haine. Indalecio, paralysé par la peur, ferma les yeux et se boucha les oreilles. Quand les coups cessèrent enfin, les gardes la traînèrent jusqu'à une chaise et les femmes lui tondirent le crâne. Une fois la besogne achevée, le chef de la *guardia civil* déclara que la Señora Juliana Tris, épouse Gallego, était en état d'arrestation pour complicité d'attentat et ordonna qu'elle soit transférée immédiatement à la prison de Pancrudo. Entendant cela, Indalecio sortit de sa paralysie et se précipita vers sa mère. « Non, non, non, laissez-la ! C'est vrai, on sait pas où il est ! Elle a pas menti ! »

Don Francisco l'attrapa durement et l'entraîna à l'écart. Sous le choc, étourdie par les coups et aveuglée par le sang, Juliana se laissa emmener sans résistance. À l'extérieur, le silence qui était tombé sur la foule fut rompu par les cris de ses enfants découvrant l'état de leur mère et les exclamations d'effroi des villageois. Juliana ne ressentait plus rien, pas même lorsque sa tête heurta le toit de la voiture après qu'on l'eut poussée sans ménagement pour l'y faire monter. Le véhicule démarra en trombe. Les enfants Gallego coururent derrière sur plusieurs mètres avant d'arrêter, les uns après les autres, à bout de souffle et de force.

Devant la mairie, on entendit murmurer quelques commentaires. « Ils l'ont bien amochée la pauvre… elle méritait pas ça… ».

Les notables avaient déjà quitté les lieux, laissant le maire seul à l'entrée de l'édifice. Don Francisco, quant à lui, s'avança vers les villageois. « Voilà où conduisent les folies anarchistes. Vous êtes maintenant témoins de ce qu'il arrive lorsqu'on défie l'ordre divin, les brebis égarées doivent en payer le prix ! »

Sur ces paroles, d'un pas décidé, il retourna à l'église, certains s'écartant devant lui. Les gens commencèrent à quitter la place et bientôt il n'y eut plus personne, en dehors des enfants Gallego. Personne ne s'était préoccupé d'eux, tous ayant bien trop peur. Leonides et Emilia pleuraient, Felix fixait résolument le sol, et Antonio tremblait de chagrin et de rage contenue. Indalecio, le regard vide, le visage ravagé par les larmes, fixait le vague sans bouger. Ce fut Amaia, leur voisine, qui vint les chercher pour les ramener chez eux. « Vous ne pouvez pas rester là, venez avec moi les enfants. » Elle prit les deux plus jeunes par la main et les entraîna avec elle.

En rentrant, elle les aida à ranger le chaos laissé par la *guardia civil*. Quand ils eurent fini, elle étreignit les petits dans ses bras puis les rassembla tous autour de la table. Elle inspecta le garde-manger où elle constata qu'il n'y avait pas grand-chose. Elle fit réchauffer un fond de soupe bien trop claire pour remplir véritablement un estomac et coupa en petits morceaux le peu de pain qu'il restait. « Mangez pendant que c'est chaud, cela va vous faire du bien. »

Leonides se décida à prendre la parole. « Señora Amaia, Maman n'a pas menti, on ne sait pas où il est, faut nous croire !

— Je sais, je sais les enfants.

— Et même si on le savait, on ne dirait rien !

— Tais-toi Antonio ! Tu es fou ! Tu veux que la *guardia civil* revienne et nous jette en prison, nous aussi ! »

Coupant sa sœur, Emilia posa la question que tous avaient en tête. « Señora Amaia, est-ce qu'elle va revenir, notre mère ?

— Votre mère va revenir, très bientôt j'en suis sûre. La *guardia civil* ne va pas la garder alors qu'elle ne sait rien et qu'elle n'a rien fait. Nous allons prier…

— Dieu n'a rien fait quand ils ont frappé notre mère !

— Arrête Antonio ! Si Don Francisco t'entendait ?

— Et alors Felix ? Tu vois bien que Papa avait raison, Dieu n'existe pas ! Et il n'y a que l'injustice des *señoritos* ! »

Felix décocha un coup à son frère. « Ça suffit Antonio ! Tu veux vraiment qu'on nous embarque tous ? Même les petits ?

— T'avise pas de recommencer ou j't'en mets une dans la figure ! »

Les deux frères s'empoignèrent et Amaia se précipita pour les séparer fermement. « Qu'est-ce qui vous arrive ? Vous êtes devenus fous ? On n'a pas vu assez de violence pour aujourd'hui ? » dit-elle en jetant un regard significatif à Indalecio. « Felix, tu es l'homme de la maison maintenant. Avec Leonides, vous êtes en charge. Vous m'avez bien comprise ?

— Oui, Señora Amaia.

— Et quant à toi, Antonio, il est temps de grandir, ta colère n'aide pas, tu dois soutenir tes frères et sœurs.

— Oui, Señora. »

Elle posa une main sur les petits. « Votre père n'est pas là et la réalité est qu'il ne va probablement pas revenir de sitôt. Il n'y a que vous et votre mère, que Dieu la protège. En attendant son retour, je vous aiderai au mieux. Je repasserai demain matin pour voir comment nous organiser. »

Emilia et Indalecio se pressèrent contre elle et ils furent bientôt rejoints par les aînés, cherchant eux aussi du réconfort. Lorsqu'Amaia fut partie, les enfants restèrent encore un petit moment autour de la table.

« C'est vrai ce qu'a dit la Señora Amaia, que Papa ne va pas revenir ?

— Il vaudrait mieux pas Indalecio. Vu ce qu'ils ont fait à Maman.

— Est-ce que vous croyez qu'il a vraiment fait ce qu'ils disent ?

— En même temps, ils n'ont pas vraiment dit ce qu'il avait fait…

— Vaut mieux pas savoir…

— Vous croyez qu'il est mort ? »

Leonides sursauta. « Bien sûr que non ! Et il ne nous abandonnera pas et il va revenir !

— Vous croyez qu'on ira en enfer pour ce qu'il a fait, comme le dit Don Francisco ?

— Bon sang, Indalecio, dis pas de bêtises ! Et essaie de la fermer un peu ! »

Les enfants eurent beaucoup de mal à s'endormir cette nuit-là. Indalecio n'arrivait pas à se sortir de la tête les images gravées de la journée. Ses sanglots maintenaient éveillés les autres qui essayaient de le consoler, les uns après les autres. Bientôt, ils furent tous rassemblés dans l'obscurité, jusqu'à ce que les petits, épuisés, sombrent enfin dans le sommeil, laissant les grands avec leurs préoccupations, chacun se demandant comment se passeraient le lendemain, le surlendemain et les jours suivants… et comment ils allaient survivre si aucun de leurs parents ne revenait.

Les jours passèrent, ponctués par les visites régulières de la *guardia civil*, difficiles pour les enfants Gallego qui s'organisaient tant bien que mal. Ils apprirent, comme le reste du village, que leur père avait participé à un attentat au cours duquel une église avait été saccagée et en partie détruite. Le curé avait été passé à tabac et laissé pour mort. Une grande partie des villageois tourna le dos aux enfants. Le reste se garda bien d'exprimer ouvertement une sympathie quelconque vu les temps qui couraient. Ils étaient devenus indésirables à Chustosalto, considérés comme de la mauvaise graine peu fréquentable. Rares étaient ceux qui leur donnaient du travail. Leur oncle Lorenzo s'étant enfui avec sa femme, ils étaient laissés à eux-mêmes. Ils seraient probablement morts de faim sans le soutien de l'instituteur et l'aide de quelques voisins, notamment la voisine Amaia. Cette femme, vivant toujours avec son père, ne s'était jamais mariée. Comme dans tous ces cas-là, beaucoup d'histoires étaient colportées à son sujet. Sèche comme une trique, la chevelure sombre, elle cachait sous un visage austère des trésors de bonté. N'ayant jamais eu d'enfant, elle se montrait toujours gentille et aimante avec les petits du village. Naturellement, elle avait donc été la première à tendre la main aux Gallego, prenant le relais de leur mère absente, apportant consolation et soutien, notamment pour les plus jeunes. Sa douceur et sa tendresse les avaient quelque peu déstabilisés dans un premier temps, peu habitués à être choyés. Mais rapidement, les aînés, à l'instar de leurs cadets, s'étaient mis à attendre ses visites avec impatience. Le Señor Caspián lui, de plus en plus soucieux et inquiet, leur assurait du mieux qu'il pouvait un repas à midi malgré les ravitaillements devenus erratiques. L'accueil à l'école leur était toujours garanti, à tous. Néanmoins, la vie dans le village se faisait de plus en plus compliquée. N'étant plus les bienvenus à l'église, beaucoup de gens les évitaient pour ne pas s'attirer les foudres du curé. Les altercations devenaient courantes et ceux qui les fréquentaient étaient mal vus. Ils se trouvaient chaque jour davantage ostracisés. Un soir, lors d'une discussion, Leonides finit par proposer l'idée de quitter le village.

« Pour aller où ? » demanda Felix.

Ils avaient bien de la famille pas trop loin, à San Mateo, ou encore à Gallocanto, mais ils n'étaient sûrs de rien, les relations entre leurs parents et leurs familles respectives s'étant distendues ces dernières années. Et que pouvaient-ils raconter ? Seraient-ils acceptés avec ce qu'avait fait leur père ? Ils conclurent qu'il valait mieux attendre. Ils ne pouvaient compter que sur eux-mêmes.

Juliana rentra dans l'après-midi du 36e jour. Les garçons étant partis travailler avec le père d'Amaia, seuls Leonides, Emilia et Indalecio l'accueillirent, dans un mélange de surprise, de joie et de pleurs. Elle les étreignit longuement avant de les écarter doucement pour s'asseoir. Les enfants s'assirent à ses côtés, ne sachant quoi dire ou faire, un peu effrayés par les traces de blessures encore visibles, ses cheveux ras et ses vêtements en lambeaux. Elle resta un long moment, silencieuse, le regard vide. Enfin de retour chez elle. Les mains de ses enfants la tirant de son abysse, elle croisa leur regard et ressentit soudainement un besoin d'être à nouveau humaine, de se laver, de se changer, bref, d'être à nouveau leur mère. Elle se leva et entreprit péniblement de grimper à l'étage. « Leonides, apporte-moi de l'eau, chaude, s'il te plaît. »

L'aînée s'empressa de mettre une bassine d'eau à chauffer puis voyant les difficultés de sa mère à monter les marches, elle appela les plus jeunes à la rescousse. « Indalecio, Emilia, aidez-la à monter les marches ! »

Une fois la bassine montée, les trois attendirent au rez-de-chaussée. Après un long moment, elle redescendit enfin. Elle avait meilleure mine et un foulard dissimulait son crâne. Cependant, quelque chose avait changé. Indalecio la trouva vieillie. De nouvelles rides marquaient son visage émacié. Elle paraissait bien plus que ses 35 ans, maintenant. Les enfants, après une brève hésitation, se précipitèrent à nouveau dans ses bras.

Deux légers coups furent frappés à la porte.

« N'ouvre pas ! » Juliana arrêta Leonides qui s'apprêtait à se lever. Son visage avait pâli et la peur se lisait dans ses yeux.

« Mais Maman, c'est la voisine, la Señora Amaia.

— Comment tu sais que ce n'est pas la *guardia* ?

— Elle frappe toujours comme ça. Deux coups. »

Juliana serra inconsciemment ses bras autour d'elle. Elle paraissait perdue. Leonides s'avança jusqu'à la porte et, regardant sa mère, demanda :

« Je peux ? C'est la Señora Amaia. »

Cédant, elle acquiesça d'un signe bref de la tête. La voisine fit son entrée, chargée d'un panier. Surprise, elle eut un petit mouvement de recul en voyant Juliana avant de s'écrier. « Juliana, Dieu soit béni, tu es rentrée ! » Puis voyant son état. « Mais que t'ont fait ces brutes ! » Décelant la souffrance dans son regard, Amaia se dirigea naturellement vers la table et entreprit de déballer ce qu'elle avait apporté. Elle enchaîna d'un ton léger. « J'ai préparé un panier pour les enfants. J'ai rajouté des *tortas*[13]. J'ai pu en faire ce matin, il me restait un peu de farine et de sucre. On a de plus en plus de mal à en trouver… déjà qu'avant… Tiens, assieds-toi, tu dois manger quelque chose.

— Merci Amaia… je… je… »

Prise de vertige, retenant ses larmes, Juliana s'agrippa à une chaise. Amaia se précipita pour l'aider à s'asseoir. « Ne bouge pas, reste là, je vais te préparer quelque chose. Leonides, en attendant que ce soit prêt, sers un peu de pain et du vin à ta mère.

[13] Sorte de viennoiserie aragonaise.

— Felix, Antonio, où sont-ils ? » demanda Juliana d'une voix rauque.

« Partis travailler. Tu peux être fière d'eux, Juliana, tes enfants sont de braves petits. »

Juliana ne répondit pas. Affamée, elle dévora ce qu'on lui servait. À la prison, elle n'avait eu droit qu'à des restes moisis. Les enfants, qui s'étaient installés en face d'elle, la regardaient les yeux écarquillés, surpris de cette frénésie. Amaia attendit qu'elle eût terminé son repas avant de reprendre la parole. « Genaro… »

La peur réapparut dans son regard. Elle se recroquevilla. « Je ne sais pas où il est !

— Calme-toi Juliana, calme-toi. Personne n'a eu de ses nouvelles et c'est mieux pour tous.

— Il ne reviendra pas. Si ce n'est pas déjà le cas, c'est la mort qui l'attend ici ! Regarde ce qu'ils m'ont fait ! »

Sa voix était montée d'un cran et elle arracha son foulard, souleva sa jupe et remonta ses manches. Son corps était couvert d'ecchymoses et d'égratignures. « Regarde ce qu'ils m'ont fait, et ça encore ce n'est rien… non ce n'est rien… rien du tout à côté de ce qu'ils m'ont fait subir là-bas, dans cet endroit horrible ! Ils m'ont traitée pire qu'un animal ! Jamais je ne pourrai oublier ce que j'ai subi dans ma chair ! j'ai payé pour lui, j'ai payé pour la CNT, j'ai payé pour tous ces fous ! J'ai payé alors que je n'avais rien à voir avec tout ça. J'ai payé avec mon âme et mon corps, et les enfants ont aussi payé ! Alors oui, s'il est en vie, il vaut mieux qu'il ne revienne plus ! Plus jamais ! Comment a-t-il… ont-ils pu tous me faire ça ? Les voisins, le curé, tous, ils savaient que je ne mentais pas ! »

Les larmes coulaient et son corps était secoué de spasmes. Les enfants étaient pétrifiés. Amaia se précipita pour la prendre dans ses bras et se mit à la bercer. « Là… doucement… tu es chez toi maintenant… nous sommes là… on ne te fera plus rien… » Elle se tourna vers les enfants « Votre mère a besoin de repos. Aidez-moi à la monter. »

Une fois mise au lit, Juliana se réfugia sous la couverture et leur tourna le dos. Tout le monde retourna en bas. Amaia donna ses instructions. « Leonides, je te confie ta mère, veille à ce qu'elle se repose et ne soit pas dérangée. »

L'aînée acquiesça de la tête.

« Est-ce qu'elle va mourir ?

— Sois pas bête, bien sûr que non Indalecio ! Elle va aller mieux maintenant qu'elle vous a retrouvés.

— Et ses cheveux vont repousser ?

— Bien sûr que oui !

— C'est vrai que Papa ne va pas revenir ?

— Oui, et ça vaut mieux pour le moment, tu le sais mon garçon.

— C'est vrai que c'est de sa faute ce qui est arrivé à Maman ?

— Oui et non. C'est la faute à la guerre. Et des hommes, tous stupides. Je dois partir. »

Amaia enlaça les enfants une dernière fois avant de partir. Les trois s'attablèrent sans rien dire. Ils n'étaient pas rassurés. Emilia alla chercher la boîte de dominos et ils se mirent à jouer sans grand entrain, l'oreille aux aguets du moindre bruit. Ils se sentirent soulagés lorsque Felix et Antonio rentrèrent précipitamment. La nouvelle avait fait le tour du village et des alentours. Leonides leur raconta dans quel état était rentrée leur mère puis ils se rendirent tous ensemble à l'étage, prenant soin de ne pas faire de bruit. Leur mère dormait toujours et n'avait pas changé de position, si bien qu'ils ne purent voir son visage. Ils dînèrent en silence, personne n'osant parler, de peur de la réveiller. Lorsqu'ils allèrent se coucher, ils s'attardèrent quelques instants au bord de son lit, la caressant légèrement. Ils étaient soulagés, mais se sentaient toujours aussi angoissés. Ils dormirent mal cette nuit-là, à l'affût du moindre mouvement et gémissement de leur mère. Les plus grands se levèrent régulièrement pour s'assurer qu'elle respirait toujours.

Le jour suivant, Juliana resta prostrée au lit toute la journée et c'est à peine si elle toucha à ses repas. Amaia se voulut rassurante. « Ce n'est rien, elle a juste besoin de repos, demain elle ira mieux. »

En fin d'après-midi, alors qu'Antonio et Indalecio revenaient du puits, ils tombèrent sur le curé. Impossible de l'éviter, cette fois-ci. Les yeux rivés au sol, ils le croisèrent tout en accélérant le pas. Don Francisco les interpella. « Les garçons, arrêtez-vous donc un instant ! »

Les deux frères échangèrent un regard et s'arrêtèrent, sans poser leurs charges. Il se planta devant eux. « Votre mère est rentrée à ce qu'il se dit.

— Oui. »

Silence.

« Alors ?

— Qu'est-ce que vous croyez, elle se repose ! Après ce que vous tous lui avez fait ! »

Son visage se crispa et il fixa durement Antonio. « Voyez où les folies anarchistes de votre père ont conduit votre mère. Que ça vous serve de leçon ! »

Les deux restèrent silencieux.

« Alors ? »

Antonio serra les poings et releva la tête d'un air de défi. « Alors mon père, maintenant je suis sûr, votre putain de Dieu n'existe pas ! »

Avant que le curé n'ait pu réagir, il attrapa prestement son frère par la main et tous deux déguerpirent. Don Francisco les poursuivit sur plusieurs mètres, agitant sa canne. « Mauvaise graine ! Vous finirez comme votre père ! Au fond d'un trou ! »

Essoufflé, il s'arrêta enfin, mais resta un petit moment à surveiller la route. Les enfants coururent se cacher à l'extérieur du village. « Antonio, t'as entendu ce qu'a dit Don Francisco, tu crois qu'il est mort ? »

L'aîné ramassa quelques cailloux qu'il jeta d'un geste rageur. « Mais non idiot, il dit ça pour nous faire peur ! Et ne l'appelle plus Don, c'est un fils de pute ! »

Juliana était debout lorsqu'ils rentrèrent. Elle se précipita vers Antonio et se mit à le secouer. Le curé était passé. « Antonio, qu'est-ce qui t'est passé par la tête, c'est dangereux pour nous tous !

— Maman ! Il nous est tombé dessus… c'est sorti tout seul !

— Comment ça c'est sorti tout seul ? On n'a pas assez d'ennuis comme ça !

— Maman…

— Tais-toi ! »

Surpris, Antonio reçut la gifle. Il porta la main à sa joue endolorie, les larmes lui montant aux yeux. Felix s'interposa aussitôt entre les deux. « Maman, arrête ! »

Indalecio rejoignit son aîné en s'écriant. « C'est le curé qui a commencé ! Il nous laissait pas tranquilles !

— Il fallait l'ignorer !

— Mais il nous a ordonné de répondre ! Il a dit que Papa était au fond d'un trou ! C'est pas vrai, hein ? Il est pas mort ? »

Juliana s'effondra sur une chaise, la tête dans les mains. « Que Dieu me vienne en aide ! »

Ne sachant que faire, Leonides envoya Emilia chercher la voisine en renfort et fit signe à ses frères de s'éloigner de leur mère. Antonio, resté debout au milieu de la pièce, était rouge de colère. « Je… je voudrais qu'il meure ce sale curé, lui et tous les autres ! » Et il sortit en claquant la porte.

Lorsqu'Amaia arriva, Juliana était assise, en larmes. Emilia lui avait raconté ce qu'il s'était passé. Elle lui prit doucement la main. « Calme-toi Juliana. Ce n'est pas la faute de tes garçons.

— Je sais… mais on ne peut pas continuer comme ça. Ça va mal finir, ils ne nous laisseront jamais en paix ! Pas après ce que Genaro a fait. Je… je n'ai pas le choix, je dois nous protéger. »

Elle resta un moment les yeux dans le vide puis, essuyant son visage, elle regarda la voisine d'un air décidé. « Je sais que je te dois déjà beaucoup Amaia, mais est-ce que tu voudrais bien veiller encore sur les enfants, le temps que j'aille à Gallocanto voir mes parents, demander de l'aide.

— Mais Juliana, tu n'es pas en état ! Tu dois encore te reposer !

— Je ne peux pas, je n'ai pas le choix, je n'ai plus de temps à perdre, je dois protéger mes enfants. C'est décidé, je partirai demain matin. »

Amaia acquiesça, inquiète, mais admirative de la force de cette femme. Rassurée aussi qu'une étincelle de l'ancienne Juliana se réveille.

Les enfants, quant à eux, ne comprirent qu'une chose, c'est que leur mère repartait, qu'ils ne savaient pas pour combien de temps et qu'ils allaient de nouveau se retrouver tout seuls.

Lorsque Juliana revint de chez ses parents, elle annonça à ses enfants qu'ils partaient vivre chez le cousin Balbino, de l'autre côté de la ligne, loin des fascistes et de Don Francisco. C'était bien la première fois qu'ils entendaient leur mère parler ainsi, et ils en restèrent incertains. Ils se demandèrent ce qui avait bien pu se passer chez les grands-parents, comment ces derniers avaient réagi, et qui était ce cousin prêt à les accueillir. Les aînés l'avaient bien croisé aux rares réunions familiales, mais ils s'en souvenaient à peine et étaient bien incapables d'en dire grand-chose. Enfin l'inquiétude prit rapidement le relais.

« Et si Papa revient ? » s'aventura à demander Leonides. « Il saura où nous trouver ? »

Indalecio s'inquiéta aussitôt. « Il n'est pas mort, hein ? »

Felix lui envoya une pichenette. « Arrête avec ça ! »

Sans répondre, Juliana leur donna ses instructions : faire profil bas en attendant leur départ, n'en parler à personne et surtout, éviter le curé.

Ils partirent une semaine plus tard. Juliana, après avoir longuement embrassé Amaia, s'installa à l'avant du bus et n'eut plus un seul regard en arrière. Une fois à bord, les enfants, eux, en larmes, se précipitèrent vers le fond pour un dernier adieu à cette chère voisine. À ce moment-là, l'idée traversa l'esprit d'Indalecio qu'ils partaient pour ne plus jamais revenir. Non, impossible ! Chustosalto, c'était chez eux. Leur nom, GALLEGO, était gravé dans la pierre, juste au-dessus de la porte de leur maison.

Il leur fallut une journée entière et de multiples arrêts en autobus pour rejoindre Lorién, à la frontière entre l'Aragon et la Catalogne. Ils avaient emporté en tout et pour tout une grande malle et deux grosses valises. Il faisait déjà nuit lorsqu'ils arrivèrent enfin. Le bus était péniblement venu à bout de la rude côte menant au village. Les petits s'étaient joints aux encouragements que le conducteur adressait à son engin. Après avoir aidé les Gallego à décharger, le chauffeur s'était réinstallé derrière son volant et rapidement le lourd véhicule avait disparu dans l'obscurité. Le cousin Balbino, qui les attendait déjà, les prit tous chaleureusement dans ses bras, ce qui surprit les enfants. Et plus encore lorsque leur mère l'embrassa tendrement. L'homme portait bien sa quarantaine, il était mince et de taille moyenne. Son visage buriné arborait un sourire éclatant. Mais ce qui retenait le plus l'attention chez lui, c'était ses yeux, pétillants, d'un bleu étincelant. Après avoir pris la valise de sa cousine, laissant le reste des bagages aux grands, il les entraîna à sa suite. Ils remarquèrent qu'il boitait légèrement, vestige d'une polio contractée enfant. « Attention, il n'y a pas beaucoup de lumière dans ce village, mais il y a beaucoup d'escaliers et ils sont traîtres. Le curé dit que c'est pour qu'on ne traîne pas trop dehors la nuit ! »

À peine les avait-il avertis qu'Indalecio trébuchait, glissait, évitant de justesse d'entraîner les autres dans une chute. Juliana releva son dernier en le tirant par l'oreille. « Maladroit, tu n'as pas entendu le cousin ? Allez, relève-toi ! »

Balbino remonta vers eux et les sépara doucement. « Ce n'est pas de sa faute, allons-y. »

Ils atteignirent leur destination, trois ruelles plus bas. Le cousin vivait seul dans l'aile d'un ancien couvent abandonné. Il leur fit faire un tour rapide des lieux. Dans un large sourire, il s'excusa du confort monastique. L'endroit était suffisamment grand pour accueillir Juliana et les enfants. Il leur montra les trois petites chambres qu'il avait aménagées, une pour les garçons, une pour les filles et une pour sa cousine. Un sourire apparut sur le visage des aînés. Pour eux, c'était un véritable luxe ! Après avoir déposé leurs affaires, il les ramena dans la pièce principale, une vaste cuisine à l'imposant foyer. Il les convia à s'asseoir à la grande table qui était déjà dressée. Un plat de *migas*[14] les attendait, accompagné de pêches coupées. Les Gallego mangèrent en silence ce qui leur semblait un festin. Balbino les observait tranquillement. Les enfants n'osaient pas parler. Ils se sentaient intimidés. Il les invita gentiment à se resservir s'ils avaient encore faim. Ils jetèrent un regard à la dérobée à leur mère avant de s'exécuter. Ils n'avaient pas envie de se faire rabrouer devant le cousin. Juliana paraissait épuisée, mais semblait se détendre pour la première fois depuis son retour de prison. Indalecio, entre deux bouchées, était fasciné par le bleu intense des yeux de leur hôte. Il n'en avait jamais vu de pareils, ni un regard si doux. Faisaient-ils vraiment partie de la même famille ? Personne ni sa mère ne parlait jamais de ce cousin. Il avait entendu une fois seulement son père l'évoquer en l'appelant « pédé ». Il ne savait pas ce que cela voulait dire, mais il se souvenait clairement de la dispute entre ses parents qui s'en était suivi.

« Cousin, je te remercie sincèrement de nous accueillir, les enfants et moi », dit Juliana quand tout le monde eut terminé de manger.

« C'est bien normal, cousine, ici il y a de place pour tout le monde. À Lorién, nous sommes encore en sécurité, enfin, tant que Dieu le voudra. »

Juliana fit la moue. « Dieu… comme s'il y pouvait vraiment quelque chose. »

Balbino voulut poser sa main sur celle de Juliana dans un geste de réconfort, mais celle-ci l'esquiva, un éclair de peur passant dans ses yeux. « Pardon, merci, cousin. »

Elle se ressaisit. « Nous n'allons pas rester les bras croisés, dès demain, nous irons tous chercher du travail.

[14] Plat originaire d'Aragon à base de pain sec, ail, et graisse de porc ou de mouton.

— On verra tout ça demain. Reposez-vous d'abord, tout le monde en a bien besoin. »

Il s'adressa aux enfants. « Laissez, je vais débarrasser, allez vous débarbouiller et vous installer. »

Cette nuit-là, malgré la fatigue, les enfants eurent bien du mal à s'endormir. Trop de changements, trop d'inconnus, trop de tout ! Les émotions étaient exacerbées. Indalecio, coincé entre ses deux grands frères, gigotait tant que Felix finit par lui envoyer un coup de coude. « Arrête p'tit con ! »

Fatigué, Indalecio lui rendit son coup sans réfléchir. L'aîné se retourna et l'empoignade éclata. Antonio, également à bout de patience, les sépara brusquement. Il asséna une tape à Indalecio pour le calmer et maintint fermement Felix. « Arrêtez, bande d'imbéciles ! Vous voulez qu'on vous entende ? On n'est pas chez nous, vous voulez que le cousin nous chasse ? On n'a pas assez de problèmes comme ça ?

— Mais c'est le nain, il n'arrête pas de bouger !

— T'as qu'à arrêter de me coller !

— P'tit con !

— Grand con !

— Chut ! »

Antonio attrapa le long oreiller et leur asséna un coup chacun. Les deux, après avoir échangé un regard, se jetèrent sur lui, entre rires et grognements. Les coups d'oreillers reprirent de plus belle. Des coups retentirent à la porte et la voix de leur mère leur intima le silence. Ils se réinstallèrent précipitamment dans le lit, retenant à grande peine un fou rire commun. Une fois le calme revenu, Indalecio, chuchotant, demanda :

« Ça veut dire quoi pédé ? »

Felix se contenta de ricaner sans rien répondre.

« Antonio, toi tu sais ?

— T'as entendu ça où ?

— C'est Papa, une fois, quand il parlait du cousin. »

Felix s'esclaffa de nouveau.

« Chut ! » chuchota Antonio.

« Alors, ça veut dire quoi ? » insista Indalecio.

« Papa disait qu'il n'est pas normal, qu'il aime les garçons, c'est pour ça qu'il n'est pas marié ! » cracha à mi-voix Felix.

Antonio coupa court à la discussion. « Le père parle beaucoup et dit beaucoup de conneries ! Mais maintenant il n'est pas là, et en attendant, c'est le cousin qui nous accueille. Allez, on dort maintenant ! »

Le lendemain, Juliana tira les enfants du lit tôt le matin. Elle passa aux commandes dans la cuisine, distribuant les tâches. Balbino avait renoncé à s'occuper du petit déjeuner après s'être retrouvé installé avec une tasse de café dans les mains. Il découvrait une cousine bien différente de ses souvenirs. Ils n'avaient que quelques années d'écart et, lorsqu'ils étaient enfants, leurs familles se réunissaient régulièrement autour des mariages, naissances, décès et autres événements. Avant que les aléas, l'argent et les querelles familiales ne les éloignent tous les uns des autres. Il suivait du regard sa cousine s'activer dans tous les sens. Certes, elle avait toujours cette énergie qui la caractérisait, mais il sentait que quelque chose avait changé. Ce qu'elle avait subi, bien qu'il n'en ait pas eu les détails, avait laissé des traces. Il se demandait si sa force de caractère lui permettrait de surmonter l'épreuve. Il percevait sa colère, dans ses remarques aux enfants, sa façon de les invectiver et la rapidité avec laquelle les coups partaient. Ils n'avaient pourtant pas l'air d'être de mauvais gamins. Ils semblaient plutôt éveillés et volontaires. Il repensa à Genaro. Il ne l'avait que rarement croisé, mais il savait que ce n'était pas un homme facile. Plutôt bel homme, le verbe haut, un tempérament fort. Un révolté de nature qui avait tout de suite plu à Juliana, au grand dam de la famille. Les deux caractères tempétueux ne présageaient rien de bon. Ils s'opposaient en tout, ne s'entendaient sur rien et ne se réconciliaient que pour les affaires du Seigneur, faire des gosses.

Une fois tout le monde bien réveillé, Balbino entreprit de leur expliquer le fonctionnement du village. Les milices catalanes avaient permis à Lorién et aux villages alentour de rester en zone républicaine, et les caciques s'étaient enfuis. De plus en plus d'hommes s'engageaient et montaient au front et il n'y avait plus assez de main-d'œuvre pour faire face.

« Il a bien fallu qu'on s'organise si on ne voulait pas mourir de faim. Lorién, voyez-vous, après concertation de tous, a décidé de rejoindre la Fédération des Collectivités, s'unissant aux autres villages des alentours. Nous avons tout mis en commun, les outils, le bétail... et nous nous partageons tout ce que nous produisons. Le fruit de notre travail ! » conclut-il avec fierté. « Nous avons mis en place un système de partage, nous émettons des bons qui nous permettent d'échanger ce dont on a besoin contre ce dont ont besoin les autres villages. Tout le monde participe, sans exception, et nous avons maintenu l'école pour tous. C'est un besoin comme un autre. » Il se tourna vers les enfants et leur fit un clin d'œil. « L'éducation est l'avenir de notre pays, vous êtes notre avenir ! »

Ils lui rendirent un sourire gêné, ne sachant trop que répondre. De son côté, Juliana écoutait sans rien dire. Il finit par conclure. « Nous n'avons jamais été aussi maîtres de nos vies. »

Lorsque tout le monde fut fin prêt, Balbino les emmena faire un tour du village. Situé en haut d'une colline, Lorién était en partie encerclé par d'impressionnants murs naturels. Le village était étagé, composé essentiellement d'un dédale de petites ruelles, la plupart en escalier, exiguës et courtes. Indalecio, d'habitude à la traîne, se dit qu'il ne retrouverait jamais le chemin tout seul s'il se perdait, et s'approcha de Balbino. Ils rejoignirent l'unique route, la seule qui permettait aux voitures de circuler, celle par laquelle ils étaient arrivés la veille avec l'autobus. Ils parvinrent bientôt à la partie supérieure du village où trônait une imposante église qu'ils délaissèrent pour la mairie où les attendait le Señor Sanchez. Ce dernier les accueillit dans la salle du conseil, là où, leur expliqua-t-il en guise d'introduction, l'ensemble des villageois se rassemblaient pour toutes les décisions concernant la bonne marche de Lorién. Il n'était pas le maire. L'ancien maire s'était enfui avec les *caciques* et la municipalité avait été remplacée par le comité révolutionnaire dont il était l'un des secrétaires permanents.

« Ici, nous appliquons le communisme libertaire, vous comprenez ? » Sans vraiment se préoccuper de la réponse, il se lança dans un fervent discours sur la fin de l'exploitation de l'homme par l'homme. « Ici, il n'y a plus de propriétaires terriens, ni de *caciques,* ni de patrons. Seulement d'honnêtes gens, généreux et prêts à partager. Nous avons aboli l'argent. Chacun fait selon ses moyens, et reçoit selon ses besoins, vous comprenez ? Nous sommes en train d'établir les bases d'une nouvelle société, plus égalitaire, libre et vraiment démocratique ! Plus humaine ! On n'est pas toujours tous d'accord, mais tout le monde accepte le choix de la majorité. Même si beaucoup de membres du conseil sont partisans de la CNT, la parole de chacun compte. Balbino en est un parfait exemple, il n'est d'aucun parti, mais son avis et sa voix nous sont précieux. Voilà, maintenant vous savez tout. Tout ce que vous pourrez apporter à notre village sera le bienvenu et apprécié, mais prenez le temps de retrouver des forces. Après ce qui vous est arrivé, ici vous êtes tous en sécurité. »

Juliana porta machinalement sa main au foulard noir recouvrant son crâne et s'efforça de sourire. « Merci beaucoup Señor Sanchez, mais nous ne voulons pas être un poids. Nous apprécions votre charité, mais nous sommes des travailleurs. Mes enfants ne sont pas des fainéants, ils peuvent aider partout où ce sera nécessaire. Quoi que ce soit, les champs, les animaux, les corvées… »

Les enfants Gallego, à la fois perdus et émerveillés par le discours du Señor Sanchez, relevèrent vivement la tête à l'insistance de leur mère pour qu'ils écopent de corvées. Balbino, connaissant bien sa cousine et son exécration de la charité et de l'oisiveté, prit les choses en main. « Ne t'inquiète pas Juliana, ils ne vont pas rester à ne rien faire. Ici au village, nous avons besoin de toutes les mains. Felix et Antonio vont m'aider à l'atelier. Leonides ira aider au magasin, avec toi. Et tes deux cadets iront à l'école le matin, avec tous les autres enfants et aideront aux corvées les après-midis. »

Le Señor Sanchez acquiesça, content. « C'est parfait ! L'instituteur, le Señor Taradellas, est déjà informé et attend ses nouveaux élèves. Et je me charge d'informer les femmes du magasin pour qu'elles vous accueillent dès demain. Elles vous assigneront des tâches, il y aura toujours de quoi faire. »

C'est ainsi qu'ils firent leurs premiers pas à Lorién. Les garçons commencèrent leur apprentissage de l'ébénisterie avec le cousin Balbino, Juliana et Leonides furent chaleureusement accueillies et intégrées par les femmes au magasin et les petits se firent rapidement de nouveaux amis à l'école quotidienne. Ces premiers jours furent marqués par de vrais repas plus réguliers, l'étrange tranquillité régnant dans la demeure du cousin, et les discussions nocturnes des enfants sur le sujet tabou : leur père.

7
Clara
Été, 1983

La voiture démarra et Clara, installée sur le petit banc dans le coffre de la Ford Break, se retourna pour faire de grands signes de main. Le cousin Angel les suivit sur quelques mètres. Il pleurait. Comme l'année précédente lorsqu'ils avaient quitté San Mateo. Après un dernier au revoir, elle se réinstalla sur son siège. « Est-ce qu'on reviendra encore l'année prochaine, Maman ? »

Cette dernière jeta un rapide coup d'œil à son père avant de répondre :

« On verra, on n'en est pas là.

— Mais c'est tellement bien !

— Oui c'est trop bien l'Espagne ! » ajouta Sergio.

« Super même, mieux que l'année dernière encore ! Je me suis même fait de nouvelles copines à la piscine ! » surenchérit Marianna.

« La cousine Rose-Marie m'a bien traîné partout avec sa Mobylette ! » glissa Florent d'un air réjoui.

« C'est comme si on était des Espagnols nous aussi finalement ! » s'enthousiasma Isabelle.

Un violent coup de frein les fit tous basculer en avant. Clara bascula en avant sur Marianna qui hurla.

« Indalecio ! Qu'est-ce qui t'a pris de freiner comme ça ? » s'exclama leur mère.

Leur père lui lança un regard furieux avant de se retourner. « Bon je vous préviens, je ne veux plus vous entendre à partir de maintenant, jusqu'au prochain arrêt !

« Non, mais ça n'va pas ! Les enfants n'ont rien dit de mal, ils sont juste contents ! Ah non Indalecio Gallego, ça n'va pas recommencer ! Tu as fait la tête à l'aller, et là c'est reparti ! C'était pareil aux vacances de l'année dernière ! Toujours la même chose quand on va en Espagne ! On ne va pas se taire parce que toi tu ne supportes ni les arrivées ni les départs ! Je te rappelle que ce sont les vacances de tout le monde, alors arrête de tout gâcher ! Et arrête tes coups de frein ! C'est toi qui t'énerves tout seul et tu nous mets tous en danger !

— Tu veux peut-être prendre le volant, Hélène ?

— Arrête ça !

— Non, c'est moi qui conduis, c'est moi qui décide ! Clara retourne dans le coffre ! »

Il redémarra la voiture. Personne ne parlait plus. Clara s'affala sur le banc. Pourquoi son père était-il en colère ? Il avait l'air content pourtant pendant les vacances… Enfin, pour le peu qu'elle l'avait vu, étant donné qu'en dehors de la visite au cimetière et des repas, elle avait passé le plus clair de son temps à droite à gauche, sans se préoccuper des adultes. Elle essuya une petite larme. Les vacances étaient finies, il n'y avait qu'à regarder le visage fermé de son père dans le rétroviseur. Elle se reprit. Elle ne devait pas s'en faire. Elle allait retourner à l'école, bien travailler, et l'été prochain, elle retournerait à San Mateo. Tout irait bien et son père sourirait à nouveau pendant trois semaines.

8
Indalecio
Hiver, 1937

Une routine presque confortable s'était installée pour les Gallego. Balbino emmenait Felix et Antonio partout avec lui et, selon les besoins, les envoyait prêter main forte ici et là. Les deux aînés étaient devenus de beaux jeunes hommes. Encouragés et guidés par le cousin, leurs caractères, très différents, s'étaient affirmés, aussi. Felix, plus charmeur et opportuniste, s'était très rapidement intégré à la collectivité et donnait souvent son avis sur tout, et sur tous. Antonio plus discret attirait plus souvent les sourires, même si lui semblait ne pas s'en rendre compte. D'un tempérament plus doux, ses remarques intelligentes se faisaient souvent sur le ton de l'ironie. Juliana et Leonides passaient le plus clair de leur temps au magasin. Juliana participait sans compter, mais se tenait toujours sur la réserve avec tout le monde. À force de travail, elle avait gagné le respect de chacun, à défaut de lier des amitiés. Elle ne s'autorisait à s'ouvrir qu'avec Balbino, et seulement dans les rares occasions où ils étaient seuls. Les enfants savaient tous que le sujet de leur père était interdit et ils s'en accommodaient comme ils pouvaient. Balbino avait pris doucement sa place dans cette famille et il ne se gênait pas pour intervenir lorsqu'il estimait que sa cousine allait trop loin. Et à la grande surprise des enfants, leur mère l'écoutait. Leonides, devenue une jeune femme, contredisait de plus en plus sa mère, ce qui donnait lieu à des disputes homériques. Enhardie par cette nouvelle liberté de parole propre au village, elle exprimait son opinion de plus en plus souvent, ce qui n'était pas sans rappeler Genaro à tout le monde, et surtout à Juliana. Les deux plus jeunes passaient l'essentiel de leur temps à l'école. Balbino s'était particulièrement attaché à eux. Il aimait dire à quel point ils étaient de bons petits. Emilia, toujours sérieuse et discrète, était très affectueuse avec lui et aimait lui faire de petites confidences, ce qui le remplissait de joie. Indalecio le préoccupait un peu parfois. Il paraissait toujours chercher sa place. Il voyait bien qu'il s'en passait des choses dans sa tête et que cela lui pesait. Il posait beaucoup de questions, mais donnait rarement son avis. L'instituteur le disait intelligent, mais peu confiant. Antonio lui avait raconté l'histoire du prénom et le cousin comprenait que le gamin n'avait pas démarré dans la vie sous les meilleurs auspices.

Cependant, la guerre civile continuait et Lorién, comme le reste du pays, vivait suspendu aux annonces radiophoniques sur les avancées de chacun des camps, républicain et franquiste[15]. Tout le monde suivait avec anxiété l'évolution des combats qui faisaient rage à Madrid. Du sort de la capitale dépendait très certainement celui du pays tout entier. L'Aragon était toujours scindée en deux et chacun priait pour que les troupes nationalistes, dont le Général Franco, surnommé le Caudillo, avait désormais pris la tête, ne gagnent pas plus de terrain. Les territoires républicains étaient de plus en plus isolés et Dieu seul savait combien de temps les milices catalanes pourraient encore les protéger. Les nouvelles pesaient lourdement sur le moral du village et l'inquiétude était permanente. Les temps étaient durs.

Balbino et les enfants avaient pris l'habitude en fin de journée d'aller à la *tasca* pour écouter les dernières nouvelles du front. Juliana, quant à elle, restait à la maison. « Je viendrai le jour où la fin de la guerre sera annoncée, en attendant… »

Ses cheveux avaient repoussé, parsemés de fils blancs, mais elle continuait à porter un foulard qu'elle ne quittait plus que pour dormir, telle une veuve. Elle consacrait son temps à l'entretien du foyer, la

[15] Du Général Franco, qui a pris la tête du mouvement militaire et nationaliste.

couture et le magasin. Elle refusait de se joindre aux assemblées consultatives du village. « Je ne crois plus en l'être humain, cousin, et le communisme libertaire ne nous sauvera pas plus que le reste. Je fais ma part, je ne refuse jamais de prêter la main à qui que ce soit, pour le reste… » Elle restait en retrait des commérages et ne commentait ni politique ni religion. Et si elle continuait à aller à l'église le dimanche, c'était dorénavant plus par prudence que par foi. « J'y vais seulement parce que l'Église a le bras long, cousin, et tu ferais bien de ne pas l'oublier. Tout le monde est content, je joue le jeu et personne n'a rien à dire. »

Les enfants Gallego suivaient avec attention les nouvelles. Aucun d'eux n'osait parler de leur père en présence de leur mère. Mais tous en étaient sûrs, il n'était pas mort. Ils avaient d'ailleurs leur petite théorie basée sur tout ce qu'ils avaient pu entendre : il s'était probablement caché dans les montagnes puis avait rejoint la frontière pour passer en France et se mettre à l'abri. Il finirait bien par donner des nouvelles et revenir, lorsque la guerre serait terminée et qu'il n'aurait plus rien à craindre. Se posait alors la question de la réaction de leur mère. « La guerre sera finie pour les autres, mais pour nous… » avait l'habitude de dire Antonio.

9
Indalecio
Été, 1937

La lettre arriva alors que l'Espagne fêtait tristement le premier anniversaire de la guerre civile et que Madrid luttait pour ne pas céder du terrain aux nationalistes. Elle était passée de village en village et de main en main avant d'être remise à sa destinataire, la Señora Juliana Tris Gallego. Cette dernière se trouvait au magasin lorsqu'elle la reçut. En devinant l'origine, elle ne l'ouvrit pas et la glissa négligemment dans la poche de son tablier. Leonides ne perdit cependant rien de la scène. Le soir venu, sans un mot, Juliana partit s'enfermer dans sa chambre. Elle s'assit sur le lit, sortit l'enveloppe et resta ainsi à la regarder. Elle toucha machinalement le foulard recouvrant son crâne et fut prise d'une brusque envie de déchirer la lettre en mille morceaux. Elle respira un grand coup pour se maîtriser et se décida enfin à l'ouvrir. Elle déplia lentement la feuille qui était à l'intérieur et parcourut rapidement les quelques lignes irrégulières. Ses mains se mirent à trembler. De colère. Elle replia ses doigts sur la lettre pour en faire une boule qu'elle jeta d'un geste rageur à l'autre bout de la pièce. Des larmes coulèrent malgré elle sur ses joues. Un léger coup fut frappé à la porte et elle s'essuya prestement le visage. C'était Leonides. « Maman, les autres sont arrivés, est-ce qu'on doit leur dire quelque chose ? »

Juliana récupéra la boulette de papier qu'elle alla placer dans son petit coffret.

« Maman ? »

Elle ouvrit la porte et passa devant sa fille. « Y'a rien de plus à dire. »

« Cousine, tu as reçu une lettre de Genaro ? » demanda Balbino après un coup d'œil entendu aux enfants.

« Oui, cousin. »

Juliana fusilla du regard Leonides qui se rapprocha instinctivement du cousin.

« Ne t'en prends pas à elle, cousine, tout le monde est au courant. Alors ? Il faut te tirer les vers du nez ? »

Tous les enfants se resserrèrent autour de lui, retenant leur souffle.

« Il n'y a rien à raconter, il est en France maintenant. »

Elle sortit une casserole et se lança dans la préparation du dîner.

« Juliana, s'il te plaît, pour les enfants ! »

Elle se retourna en posant bruyamment la casserole sur le foyer.

« Arrête ça tout de suite ! N'essaie même pas Balbino ni aucun d'entre vous ! »

Le sujet était clos. Il était inutile d'insister, ils n'obtiendraient rien de plus.

Les enfants durent patienter plusieurs jours avant de se retrouver seuls et profiter de l'occasion pour mettre la main sur le courrier. Leonides sortit de la chambre de leur mère en brandissant triomphalement la lettre froissée. Les quatre autres l'encerclèrent. « Allez, lis-la ! »

Elle fit mine de parcourir le feuillet, s'arrêta, puis le tendit à Emilia. « Lis-la toi ! ».

La petite s'exécuta, d'une voix posée, sans hésitation. Quand elle eut terminé, la feuille passa de main en main, et chacun relut pour soi avant d'y aller de son commentaire. « Elle a raison, il est en France…

— Oui dans le sud…

— Il continue à se battre de là-bas…

— Ah bon, y'a la guerre aussi là-bas ?

— Mais non, sois pas bête Indalecio !

— Attends Felix ! Il a pas tort le nain, il fait quoi le père depuis la France ?

— Ferme ton bec Antonio, toujours à le critiquer !

— Toi ferme le tien Leonides, toujours à le défendre ! »

Emilia attrapa la lettre. « Il a donné une adresse, est-ce qu'on lui écrit qu'on a dû quitter Chustosalto ? »

Leonides la récupéra. « Oui, va chercher du papier et un crayon et recopie l'adresse de Papa. » La petite courut chercher dans la cuisine ce dont elle avait besoin et s'attela consciencieusement à sa tâche.

« Bon… qu'est-ce qu'on va lui dire ? »

Tout le monde se regarda.

« Qu'on va bien ? hasarda Felix.

— Oui bien sûr mon frère ! Qu'on va même très bien, qu'il ne s'inquiète surtout pas pour nous ! Que ça y est on n'a plus faim et que la mère a de nouveau des cheveux ! » ironisa Antonio.

« Ferme-la ! » coupa Leonides d'un ton rêche. Mais, ne sachant quoi proposer non plus, elle se mit à fixer le plafond, faisant mine de réfléchir.

« On pourrait peut-être lui écrire qu'ici c'est le communisme libertaire, et que c'est quand même mieux qu'à Chustosalto. »

Les aînés considérèrent un instant la proposition qui avait été faite d'une petite voix par Indalecio. L'idée n'était pas mauvaise… Ils n'avaient de toute façon rien de mieux à proposer. « Oui, le communisme libertaire, c'est sûr… ça, ça va l'intéresser. Mais on met quoi d'autre ? »

Des bruits leur parvinrent depuis l'entrée. Juliana et Balbino étaient de retour. Leonides récupéra prestement la lettre et fila la remettre à sa place. Emilia fourra le papier avec l'adresse dans sa poche. « Il faudra demander au cousin comment envoyer la lettre. »

Indalecio se retint de bâiller et se mit à gigoter sur sa chaise. Il regarda par la fenêtre d'un air rêveur. Il n'avait vraiment pas la tête à l'école aujourd'hui. Il repensa au bombardement de Guernica 2 mois auparavant par des avions allemands et italiens. La radio avait tellement tourné en boucle sur le sujet qu'il avait fini par en faire des cauchemars. Et s'ils attaquaient Lorién ? Balbino l'avait rassuré : leur village était un trou perdu en Aragon. Aucun roi n'y était jamais passé pour y prêter quelque serment que ce soit, et à part des paysans affamés, il n'y avait rien à attaquer ni détruire. Cela l'avait rasséréné, mais il avait évité la *tasca* et sa radio durant quelque temps. Il se demanda si son père avait déjà reçu la lettre qu'ils avaient envoyée. Ils avaient mis des jours à se décider sur le contenu et le résultat final était bourré de ratures à force de revenir dessus. Emilia, qui était en charge de la rédaction, en avait pleuré. Elle avait voulu réécrire au propre, mais Leonides avait décidé que non. Il grimaça. À tout bien y réfléchir, il ne se sentait pas complètement à l'aise avec cette histoire de lettre. Il était clair que leur mère n'avait vraiment pas été ravie de recevoir des nouvelles de leur père. Le savoir vivant ne l'avait soulagée en rien et toute la maisonnée en avait fait les frais durant plusieurs jours. Même le cousin avait fait profil bas alors qu'il était chez lui. Il n'osait imaginer sa réaction si elle apprenait ce qu'ils avaient fait. Ça leur coûterait cher. Il s'agita. Il se sentait un peu coupable, d'avoir trahi sa mère, de lui être déloyal. Elle était restée, elle. Et elle avait payé pour ce qu'avait fait leur père. « Et bien cher », commenta-t-il à voix haute, sans même s'en rendre compte.

« Indalecio, tu as quelque chose à partager avec la classe ? »

Il sursauta, manquant tomber de sa chaise, ce qui déclencha les rires de la classe, toujours à l'affût de la moindre distraction. « Non maître.

— Alors, concentre-toi un peu et termine ton travail.

— Oui maître. »

Il étouffa un soupir et regarda par la fenêtre. Il serait bien allé garder les brebis aujourd'hui, histoire de s'évader un peu… d'être tranquille. Il sourit d'un air rêveur.

« Indalecio ! »

Il attrapa précipitamment son crayon et se mit à la tâche. Le silence studieux qui régnait dans la classe fut bientôt rompu par l'arrivée inopinée d'un membre du conseil d'administration du village. Il était rouge, haletant et le regard hagard. « Ces pourritures de communistes nous ont trahis ! Les troupes de Líster sont en route pour Lorién, les autres villages sont tombés, on va être les prochains à être bolchevisés !

— Mais qu'est-ce que tu racontes ?

— Qu'on est les prochains sur la liste ! Que la chasse aux anarchistes est ouverte, les rouges ne veulent pas de notre système, ils ne jurent que par Moscou ! Tous aux abris ! »

L'enseignant restait paralysé. L'autre tenta de le tirer par le bras. « Josep, secoue-toi, faut y aller ! »

Le maître parut se ressaisir, sans pour autant bouger. Il dégagea son bras. « Pourquoi on partirait ? On est dans le même camp, celui de la république ! Enfin je ne comprends pas ? C'est pas comme si les communistes étaient des fascistes !

— C'est à eux qu'il faut le dire, pas à moi ! De toute façon pour les communistes, tous les autres sont des ennemis ! Bon sang Josep, on n'a pas le temps ! Faut y aller ! »

L'instituteur parut enfin se décider. Tout en rassemblant pêle-mêle ses affaires, il s'adressa aux élèves. « Les enfants, la classe est terminée pour aujourd'hui. Rentrez chez vous et prévenez tout le monde que les communistes arrivent. Les rouges nous attaquent ! »

À peine était-il parti que les élèves se ruèrent à leur tour à l'extérieur, en criant :

« Les rouges nous attaquent, les rouges nous attaquent ! »

Indalecio se précipita à l'atelier de Balbino pendant qu'Emilia courait au magasin. Il trouva le cousin avec ses deux frères en train de fermer. « Cousin, mes frères, les communistes nous attaquent, tous aux abris !

— Oui, calme-toi Indalecio, on rentre.

— Qu'est-ce qu'il va se passer ?

— Dieu seul le sait. »

Ils rentrèrent et retrouvèrent Juliana, Leonides et Emilia. Juliana agrippa fébrilement le bras de Balbino. « Cousin, qu'est-ce qu'il se passe ? Je ne comprends pas…, est-ce que c'est vrai ? Pourquoi est-ce que les communistes nous attaquent ?

— Cousine, depuis que les communistes ont rejoint le gouvernement républicain, ils ne veulent pas des anarchistes… ils disent que c'est une menace. Sans les Soviétiques et leurs armes, les républicains sont fichus, d'autant que les franquistes reçoivent de l'aide des Allemands et des Italiens. Souviens-toi comme ils ont bombardé Guernica en avril ! Les républicains ont choisi leur camp, et s'ils veulent encore gagner cette fichue guerre, les anarchistes doivent dégager !

— Mais qu'est-ce qu'on risque ? Je ne veux pas retourner en prison ! Et les enfants ? On ne fait rien de mal ! On n'est pas comme les fachos !

— Je n'en sais rien, la seule chose que j'espère, c'est qu'il n'y ait pas de morts. Les gens de la CNT sont partis se cacher.

— Et nous ?

— Nous ? Nous ne sommes que des *braceros*… Nous n'appartenons à aucun parti même si nous soutenons ce qui a été mis en place à Lorién, grâce en grande partie à la CNT. D'ailleurs, nous ne trahirons jamais nos camarades qui ont dû fuir. On va s'enfermer ici et attendre que passe la tempête. »

Les troupes envahirent le village le lendemain en milieu de matinée, sans rencontrer de résistance. Les quelques hommes restants, les femmes, les enfants, les vieux et les jeunes présents dans le village ne présentaient pas une réelle menace. Les soldats entreprirent aussitôt de mettre à sac les différents centres névralgiques du système qui avait été mis en place, c'est-à-dire la mairie, le magasin, la *tasca* et les différents ateliers du village. Les denrées et tout ce qui pouvait être utile furent réquisitionnés. Ils tirèrent des coups de fusil pour le plaisir de faire peur, pénétrèrent chez les villageois et en brutalisèrent pour obtenir des aveux sur les traîtres d'anarchistes. Mais personne ne savait, ce qui était vrai. La situation resta ainsi, tout le monde enfermé chez soi, jusqu'à l'arrivée d'un commissaire politique chargé de la bonne reprise en main du village. Des soldats furent détachés à Lorién pour garantir le rétablissement « du pouvoir du peuple. »

Lorsque les villageois purent à nouveau sortir dans les rues en sécurité et qu'ils découvrirent l'ampleur des dégâts, plus d'un versa des larmes amères. Le fruit de tous leurs efforts communs était parti en fumée. Les réserves étaient perdues et tous se demandaient comment ils allaient tenir jusqu'à l'hiver. Ils percevaient déjà l'ombre de la faim se profiler. Balbino répétait comme une litanie :

« On va s'en sortir, cette guerre va s'arrêter, on va s'en sortir. »

Juliana finit par lui répondre d'un ton las :

« Tu as probablement raison, mais, quel que soit le gagnant, nous autres, *braceros*, on a déjà perdu. »

Malgré tout, la vie dans le village reprit. Le nouveau *caudillo*[16], petit-bourgeois, avocat d'affaires converti à la cause communiste, était un pur produit de la ville, n'ayant jamais mis les pieds dans un champ, encore moins dans une étable. Il avait bien conscience de n'avoir « aucune putain d'idée » du fonctionnement d'un village, mais pensait bien que ses théories de productivité à travers le collectivisme allaient assurer des récoltes fructueuses. Craignant les entourloupes, et pour éviter de se faire duper, il faisait excès d'autorité et de violence, appuyé par ses soldats. Bien qu'il détestât ouvertement se retrouver dans ce qu'il considérait comme un « trou perdu rempli de trous du cul », il prenait ce passage par Lorién comme un exercice de style dont il comptait s'acquitter avec panache, gage d'une progression au sein du Parti. Avec les *caudillos* des villages voisins, ils se rassemblaient régulièrement, chacun puisant sans compter dans les réserves locales déjà bien entamées. Et mieux valait pour les femmes ne pas être dans les parages lorsqu'ils sortaient de leurs orgies, toujours bien escortés de leurs gardes du corps armés.

Malgré l'état de répression ambiant, des voix finirent par s'élever discrètement. Bientôt, la résistance s'organisa.

---

[16] Chef

« C'est une question de vie ou de mort, nous n'avons pas de parti, notre seul objectif est de survivre ! » annonça en préambule Balbino lors du premier rassemblement tenu dans le plus grand secret. Après les réquisitions du nouveau pouvoir en place et l'instauration d'un système de dîme pour financer l'effort de guerre, les villageois étaient aux abois. La misère gagnait du terrain. Si cela continuait, plus d'un ne passerait pas le prochain hiver. « D'une manière ou d'une autre, notre sort en est jeté. Va-t-on attendre de mourir de faim sans rien faire ? »

La réponse fut unanime, il fut décidé à l'unanimité de rejoindre le réseau d'échanges clandestin déjà mis sur pied par les villages avoisinants. C'est ainsi qu'une petite part de la production de Lorién commença à être détournée. Une partie de ce qui était semé, récolté et produit était redistribuée au travers de différents canaux, et les bons d'échanges avaient été rétablis. Malgré tout, les efforts mis en place étaient à peine suffisants. Les deux systèmes peinaient à cohabiter, car il n'y avait tout simplement déjà pas assez pour en soutenir convenablement un.

Comme dans toute situation désespérée, la ferveur religieuse s'en retrouva renforcée. La messe du dimanche ne désemplissait pas et, malgré le prêche très « ouvrier » du curé, le *Caudillo* fut pris d'une suspicion de complot orchestré par ce dernier qu'il trouvait trop bon et trop gras pour être honnête. Il convoqua l'un de ses soldats qui allaient à l'église et l'interrogea. « Alors, qu'est-ce qu'ils magouillent ces trous du cul dans cette église ?

— Ils prient la Sainte Vierge.

— Et quoi d'autre ?

— Juste ça, ils prient pour un miracle. »

Le *Caudillo* explosa. « Un miracle ! Ces fainéants continuent de s'abreuver de cet opium ! »

Le jour même il décréta que dans l'intérêt du peuple et des forces résistant au fascisme, le dimanche devenait un jour ouvré pour tout le monde sans exception. Les *braceros*, les héros du peuple, devaient désormais mener la bataille dans leurs champs et leurs ateliers, tous les jours. Craignant pour sa vie, le curé se cloisonna dans son église, redoublant de prières pour un miracle.

Et à la surprise de tout le monde, le miracle eut lieu. Les nationalistes gagnant du terrain, les républicains ne pouvaient se permettre l'économie de combattants. Tous les soldats restés en arrière furent donc rapatriés sur le front. Isolé et esseulé, le *Caudillo*, n'écoutant que son courage, informa son Parti que tout était en ordre à Lorién et qu'il pouvait désormais prendre de nouvelles fonctions. Ainsi, après quelques mois de répression, de brutalités et d'humiliations quotidiennes, Lorién se retrouva libéré et une grande partie de ceux qui étaient partis se cacher purent enfin retourner au village. « Le miracle ! » devint le salut officiel des villageois entre eux.

« Tu vois cousine, les prières n'étaient pas inutiles ! »

Mais Juliana n'en démordait pas. « C'est seulement une question de temps cousin… on recule pour mieux sauter. Tu verras… On va juste changer de cercle de l'enfer ! »

10
Indalecio
Hiver, 1938

Indalecio regardait sa mère nettoyer les blessures du cousin. Son corps était couvert d'ecchymoses et d'entailles. Son visage était si boursouflé qu'on ne voyait quasiment plus ses yeux. Le docteur avait dit qu'il s'en sortirait, mais il n'avait pas eu l'air très optimiste non plus. En attendant, il faisait vraiment peur à voir avec toutes ses plaies, dont certaines s'infectaient déjà. Lorsque Juliana souleva l'un des bandages, Indalecio détourna vite le regard.

« Indalecio, s'il te plaît, ne reste pas planté là comme ça, va me changer l'eau de la bassine. »

Il s'empressa d'obéir. Il n'y avait plus d'eau dans la cuisine et il attrapa son manteau pour aller en chercher au puits.

« Je t'accompagne frangin », lui dit Antonio.

Ils marchèrent en silence dans les rues désertes. Des papiers et autres débris continuaient à encombrer le passage des étroites ruelles. Les tirs avaient laissé des trous plus ou moins gros dans les murs. Indalecio observa en coin son frère. Ce dernier avait un gros œil au beurre noir, et un bandage lui encerclait le crâne. « Au final, Maman avait raison…

— Oui frangin… oui… c'est vrai… l'oiseau de mauvais augure avait raison. »

Un an de répit, voilà ce qu'ils avaient gagné après le départ du *caudillo* communiste et ses soldats. Le temps avait passé, tant bien que mal, avec ses vicissitudes. Tout le monde avait fini par croire que la guerre les épargnerait. Après tout, ils n'étaient qu'un tout petit village perdu de l'Aragon. Ils avaient compris leur erreur lorsque les troupes franquistes avaient débarqué, balayant tout sur leur passage. Leurs ordres étant de punir et de briser le moral, les soldats avaient saccagé, pillé, brûlé, brutalisé, violé et tué avant de reprendre leur sillage de destruction vers la Catalogne. Aucun responsable ni soldat franquiste n'avaient été laissés en faction sur place. C'était inutile, les défenses républicaines du front d'Aragon étaient toutes tombées, et toute résistance avait été écrasée. Avec la terreur et le chaos laissés derrière les troupes franquistes, nul ne doutait que les villages se tiendraient tranquilles. Depuis, Lorién pansait ses blessés, comptait et enterrait ses morts, et tentait tant bien que mal de se relever.

Indalecio repensa au jour où ils avaient appris que les troupes franquistes arrivaient. Les habitants avaient d'abord pensé à s'enfermer chez eux comme pour l'attaque des rouges. Mais les informations reçues faisant état de massacres, il avait été décidé que les femmes, les anciens et les enfants iraient se cacher à l'extérieur du village, dans d'antiques greniers creusés dans la roche. Balbino, Felix et Antonio étaient restés. « Nous sommes des hommes maintenant, cousin, c'est aussi notre maison. »

Juliana avait donné à chacun une accolade. « Faites attention et… que Dieu vous protège ! » Ses mains tremblaient et elle les avait vite cachées sous son châle.

Juste avant, Indalecio l'avait vue prier à genoux dans sa chambre. Cela l'avait profondément perturbé. Étaient-ils à ce point fichus pour qu'elle s'en remette de nouveau à Dieu ? Après d'ultimes au revoir Juliana, Leonides, Emilia et lui étaient partis rejoindre leur cachette, le cœur lourd. Ils avaient choisi un grenier suffisamment grand pour les accueillir et s'étaient collés bien au fond. À partir de là, ils avaient attendu dans l'obscurité et un silence de mort, serrés les uns contre les autres. Ne sachant combien de temps ils resteraient éloignés, Juliana avait préparé un sac de provisions, de quoi tenir tout au plus trois jours. Il ne s'était rien passé dans un premier temps et, une nouvelle fois, ils avaient espéré échapper à la fatalité. Puis ils avaient entendu les tirs, de plus en plus nombreux. Puis les explosions. En s'avançant un peu vers l'entrée du grenier, ils avaient pu distinguer des lueurs d'incendies. Juliana s'était alors mise à prier et les enfants l'avaient imitée. De nouveau, il n'y avait plus que ça à faire, prier. Ils étaient restés cachés deux jours de plus et n'étaient redescendus de leur cachette que lorsque le mot était passé que les troupes étaient parties. Ils s'étaient alors précipités chez eux. En chemin, ils avaient vu des maisons brûlées et même, à leur grand effroi, des corps abandonnés. Tout était saccagé. On entendait déjà les pleurs des familles endeuillées et les hurlements de détresse. Ils avaient accéléré le pas, craignant le pire. Arrivés à la maison, le soulagement de les trouver tous les trois vivants avait vite fait place à l'inquiétude devant l'état du cousin Balbino.

Plus tard, une fois l'urgence passée, Felix leur avait raconté ce qu'il s'était passé. Une fois les autres partis, les trois avaient attendu. Une journée était passée, puis une nuit durant laquelle ils n'avaient pas fermé l'œil. Ils avaient joué aux cartes et bu du vin. Eux aussi avaient presque cru que les soldats ne viendraient pas finalement. Mais au matin, les troupes étaient arrivées. En entendant les tirs et les cris se rapprocher, Balbino avait ordonné aux garçons d'aller se cacher au sous-sol dont la trappe d'accès se trouvait dans un recoin de la maison. Ils avaient obéi avec réticence, ne voulant pas laisser le cousin seul. Rapidement, deux soldats avaient déboulé en fracassant la porte. Ils avaient rapidement saisi le cousin et, malgré ses tentatives d'apaisement, l'avaient passé à tabac et entrepris de détruire tout ce qui leur tombait sous la main. De leur cachette, les garçons ne pouvaient rien voir, mais entendaient tout. « On a cru qu'ils allaient le tuer à le frapper autant ! Ils le laissaient puis revenaient à la charge, toujours plus fort ! Le cousin criait au début et puis à la fin, on ne l'entendait quasiment plus ! On a cru qu'il allait mourir ! »

N'y tenant plus, et avant que son frère n'ait pu le retenir, Antonio s'était glissé hors de leur cachette et, attrapant une bûche de bois au passage, s'était jeté sur eux en hurlant. L'effet de surprise lui avait permis d'asséner un coup maladroit. En retour, un coup de crosse en plein visage l'avait envoyé à l'autre bout de la pièce, son crâne heurtant au passage une étagère. Il s'était effondré au sol dans une flaque de sang. Les soldats s'étaient encore un peu attardés, mais ne trouvant rien de valeur, avaient fini par s'en aller. Prudent, Felix avait attendu un moment que les bruits extérieurs s'éloignent avant de sortir de sa cachette pour rejoindre son frère et le cousin gisants au sol.

« J'ai bien cru qu'ils étaient morts ! » Il s'était d'abord précipité pour refermer tant bien que mal la porte d'entrée et était resté un court instant à les regarder, ne sachant que faire. Puis il s'était agenouillé auprès de son frère et l'avait pris dans ses bras. « Il y avait plein de sang qui coulait de son crâne, ça ne s'arrêtait pas, mais il respirait ! Heureusement qu'il a le crâne dur ! » Il avait entendu le cousin gémir et le soulagement l'avait envahi. « Il était vivant lui aussi ! » À partir de là, il avait fait comme il avait pu. N'ayant pas d'eau sous la main, il avait grossièrement entouré la tête de son frère avec des bandages de fortune. Puis il l'avait tiré et soulevé jusqu'à leur lit. Il s'était ensuite occupé du cousin. Rassemblant son courage, sourd à la souffrance et aux gémissements de Balbino, il l'avait soulevé aussi précautionneusement que possible et emmené auprès d'Antonio. Les deux installés, il s'était ensuite barricadé avec eux dans la chambre, attendant et espérant le départ des soldats. « J'ai fait ce que j'ai pu. »

Antonio et Indalecio chargèrent deux seaux d'eau et rebroussèrent chemin. « Antonio, est-ce que tu as toujours très mal ?

— Oui, toujours un peu…

— Tu penses que Felix est un lâche ?

— Pourquoi tu demandes ça ?

— Leonides dit qu'il ne s'est pas battu.

— L'écoute pas, c'est une idiote ! Elle n'était pas là, elle, face à ces bêtes ! Il n'aurait rien pu faire. Il a été plus malin, s'il n'était pas resté caché, on serait probablement tous les trois morts à cette heure-ci ! »

Ils n'échangèrent plus un mot jusqu'au retour. Felix était rentré. Il passait ses journées à prêter main forte à droite et à gauche. « On en est à 23 morts ».

Leonides et Emilia arrivèrent à leur tour, un panier avec quelques maigres provisions sous le bras. Elles avaient passé une bonne partie de la journée au magasin, à ranger, récupérer, trier et répartir le peu qu'il restait. « La Señora Perez est morte ! Elle était avec nous et d'un coup, elle est tombée. On a cru qu'elle s'était évanouie, mais non, elle ne respirait plus… il paraît que c'est le choc qui l'a tuée ! »

Les garçons se regardèrent. « Ça fait 24 alors. » Inquiets, tous se tournèrent en direction de la chambre du cousin lorsque la voix de Juliana les sortit de leur torpeur :

« Indalecio ! Que fais-tu ? Dépêche-toi de m'apporter cette bassine d'eau ! »

11
Indalecio
Printemps, 1939

« Franco, Franco, Franco ! » scandait la foule à Madrid.

Cela faisait maintenant des heures que les habitants du village s'étaient rassemblés pour écouter la retransmission radiophonique du grand défilé de la victoire du *Generalissimo*. Des heures que Fernando Fernandez de Cordoba, la voix de la victoire, n'en finissait pas de déclamer sur le grand *Caudillo*, les *Caídos*, ces héros de la croisade tombés pour Dieu et l'Espagne, et la nouvelle ère qui s'annonçait pleine de promesses.

« Vive l'Italie, vive le *Duce* ! Vive l'Allemagne, vive le *Furher* ! » entendait-on maintenant, en hommage aux quelques troupes alliées détachées pour l'occasion.

« Seigneur… La guerre est terminée, mais ce foutu défilé, lui, est interminable ! » s'exclama à mi-voix Antonio.

Sa mère lui donna un coup de coude. À côté, Indalecio se balançait d'une jambe sur l'autre. Son frère avait raison, ce défilé n'en finissait plus, et la voix de la victoire commençait à lui sortir par les oreilles.

« La guerre est terminée », avait annoncé le Général Franco dans un bref communiqué. C'était court et bien suffisant. C'était il y a déjà d'un mois et aujourd'hui il ne voyait vraiment pas ce qu'il y avait à fêter avec tous ces morts et tous les malheurs de ces trois dernières années. Il porta ses mains à son ventre qui gargouillait de plus en plus bruyamment. « La victoire, oui enfin… mais si on pouvait aussi manger ! »

Le « bien dit frangin ! » d'Antonio arriva en même temps que le coup sur sa tête. Juliana les attrapa fermement par le bras et les entraîna à l'écart de la foule. « Qu'est-ce qui vous prend ! Vous voulez qu'on nous arrête ? Qu'on vous jette en prison ou qu'on vous emmène, Dieu seul sait où ? C'est ça que vous voulez ? C'est ça ? »

Indalecio, ignorant la peur dans les yeux de sa mère, continua :

« Mais Maman, la guerre est terminée ! »

Elle les prit alors par le col et les força à regarder en direction du petit balcon de la mairie. « La guerre est terminée ? Regardez bien ces *señores*, le nouveau maire et ses conseillers, en chemise noire... tous membres de la phalange[17]... envoyés par la province pour s'assurer que la volonté du *Caudillo* est bien respectée partout ! » Puis elle les orienta en direction de chaque angle de la place. « La guerre est terminée ? Regardez bien ces *señores* de la *guardia civil*... envoyés par la province pour s'assurer qu'on reste bien à notre place, qu'on ne se plaint pas et qu'on applaudit à toutes leurs décisions ! La guerre est terminée ? Vous pensez vraiment que le *Caudillo* va laisser les républicains qui se sont battus rentrer tranquillement chez eux ? » Elle les relâcha brusquement. « Alors, vous comprenez ? »

Les deux frères acquiescèrent lentement de la tête et continuèrent d'observer la place. Des drapeaux de l'Espagne flottaient un peu partout et le visage du Général Franco avait été dessiné au pochoir sur les murs. Une grande banderole avait été accrochée sur le devant de la mairie, portant la nouvelle devise du pays « Une, Grande, Libre ». Dans la foule, Felix, Leonides et Emilia levaient leur bras bien haut. C'était le nouveau salut national. Ils aperçurent Balbino à l'écart, appuyé sur ses béquilles. Son visage était sombre et portait les cicatrices du passage des franquistes l'année précédente.

« La guerre est encore là », murmura Indalecio, les larmes aux yeux.

« Oui, la guerre est encore là frangin, ça ne finira jamais », reprit Antonio, blême.

---

[17] Falange Española Tradicionalista y de las Juntas de Ofensiva Nacional Sindicalista, la phalange, parti unique autorisé sous l'Espagne franquiste.

Les trois regagnèrent la place. À la radio, le *Caudillo* avait pris la parole. « Nous devons maintenant clore un siècle de frivolité ; détruire à jamais jusqu'aux ultimes vestiges de l'esprit de l'Encyclopédie. Je parle de révolution, sans avoir peur du mot. ».

Indalecio se demandait de quelle révolution le Général Franco était en train de parler lorsqu'il comprit, de manière fulgurante, qu'il ne retournerait probablement plus à l'école. Il ne chercha même pas à essuyer les larmes qui coulaient sur ses joues lorsque sa mère le serra doucement contre elle. Le défilé fut enfin fini, et tout le monde put enfin rentrer chez soi. Balbino avait très mal aux jambes et pouvait à peine se tenir. Les garçons lui prêtèrent main-forte.

« Soyons contents, demain on remet ça avec la consécration de sa seigneurie le *Caudillo*… elle est toujours dans les bons coups l'Église ! » ne put s'empêcher de lâcher Antonio, une fois chez eux, bien à l'abri des oreilles du village.

12
Indalecio
Été, 1939

Ce fut Leonides qui intercepta la lettre et l'ouvrit en premier. Après tout, elle était destinée à la « *Famille Gallego* ». Après en avoir lu le contenu, elle rassembla ses frères et sœurs et leur annonça, triomphante :

« Il nous a écrit !

— Qui ça ?

— Notre père, idiot ! Qui d'autre pourrait nous écrire ! »

Felix lui arracha la lettre de la main. Il la regarda puis la tendit à Emilia. « Lis-la pour nous ! » La cadette hocha la tête et parcourut les quelques lignes d'une voix posée. Leur père vivait désormais dans un coin appelé « la Beauce » où il travaillait comme main-d'œuvre dans les champs avec d'autres Espagnols. Il avait pleuré de rage lorsque Franco avait déclaré la fin de la guerre, mais le combat continuait, les républicains n'allaient pas se laisser faire ! En France, la guerre menaçait d'éclater avec l'Allemagne, ce n'était plus qu'une question de temps. Quand elle eut terminé, Emilia leva les yeux vers ses frères et sœurs, et rendit la lettre à Leonides.

« Les républicains ne vont pas se laisser faire ! » s'exclama Antonio. « Mais il parle desquels républicains ? De ceux qu'on enferme dans des camps, ceux qu'on jette dans des trous ou ceux qui font la queue à la frontière pour sauver leur peau ? »

Personne ne répondit, leur frère n'avait fait que dire la triste vérité. Franco n'en finissait pas de régler ses comptes avec les républicains, faisant régner un régime de terreur dans les moindres recoins du pays. Dans leur propre village, il y avait eu des arrestations. Certains villageois avaient même préféré quitter le pays.

« Si la guerre éclate en France, vous croyez qu'il va revenir maintenant que c'est fini ici, enfin… ? » demanda Indalecio.

« Oui, sûrement… pour son propre enterrement.

— Antonio, t'es devenu fou ! Bien sûr qu'il va revenir ! Et bientôt, maintenant que la guerre est terminée !

— Essaie d'être moins bête Leonides… S'il revient avec ses idées, ils l'arrêteront dès qu'il aura passé le pas de la porte ! Et ils lui feront creuser son propre trou avant de le descendre, pan ! Comme ça, d'un coup dans la tête ! » fit-il en mimant le geste. « Ou ce sera à nous de creuser son trou et de lui tirer une balle ! Au point où ils en sont ces salauds !

— Il a raison Antonio… t'as bien vu ce qu'il s'est passé avec le père de Gumersindo ! À peine rentré, la *guardia civil* l'a attrapé… tu les as bien entendus les coups de fusil ! Pas de tombe, juste un trou ! Et va savoir lequel ! »

Leonides tendit de nouveau la lettre à Emilia. « Dès que tu auras recopié sa nouvelle adresse, je donnerai la lettre à la mère. »

La cadette hocha la tête.

« On va lui répondre ? » demanda Indalecio.

« Quelle question, bien sûr que oui, comme toujours », répondit Leonides.

« Et qu'est-ce qu'on va lui écrire cette fois ? » s'enquit Felix.

« Bah, qu'on a toujours aussi faim. Qu'il nous dise s'il a de quoi manger chez les Français ! » siffla Antonio.

Leur mère ne fit aucun commentaire lorsque Leonides lui remit la lettre. Comme la fois précédente, elle se retira dans sa chambre pour la lire et la rangea ensuite dans son petit coffret. Il n'y avait rien à commenter. D'ailleurs, personne ne posa de questions, cette fois. De leur côté, les enfants se décidèrent sur le contenu de la réponse le jour même où ils apprirent la déclaration de guerre entre la France et l'Allemagne.

« Il faut lui demander où est-ce qu'il va aller maintenant que c'est la guerre en France et qu'il ne peut pas rentrer chez nous ! » insista Indalecio.

13
Indalecio
Automne, 1940

Comme chaque matin, les élèves se rangèrent en ordre dans la cour de l'école et le bras levé bien haut, face à l'instituteur, commencèrent à chanter *Cara al sol.* [18]

Face au soleil avec ma nouvelle chemise
que tu brodas de rouge hier,
si la mort me trouve et qu'elle m'emporte,
et que je ne te voie plus jamais.

Un petit groupe ponctua la strophe d'un « *Espagne ! Une !* »

Je formerai aux côtés de mes compagnons
qui montent la garde sur les étoiles,
l'air impassible,
présents dans notre effort.
« Espagne ! Grande ! »

Posté à l'arrière, Indalecio chantait mécaniquement, sans grand enthousiasme.

Si on te dit que je suis tombé,
c'est que je suis parti à la place qui m'attend là-haut.
« Espagne ! Libre ! »

Il se demanda une fois de plus en quoi l'Espagne était libre avec tout ce qu'il était interdit de faire…

---

[18] *Face au soleil*, hymne de la phalange espagnole, unique parti autoritaire et corporatiste autorisé sous Franco.

À commencer par regarder les filles ! Il observa à la dérobée la belle chevelure blonde et ondulée de Maria Carmen, deux rangs devant lui. La dernière fois, l'instituteur l'avait pris à la fixer un peu trop longuement et lui avait durement tapé sur les doigts. Ça l'avait calmé !

Reviendront victorieux, les drapeaux
au pas allègre de la paix,
arborant 5 roses,
les flèches de mon faisceau...
« Une seule Espagne, grande et libre ! »

Il sourit en repensant à ce que disait toujours Antonio. « Une Espagne grande ? Oui, à la hauteur de ce nain de Franco qui nous gouverne ! » Elle était bien bonne celle-là !

Il regarda l'instituteur qui, lui aussi le bras levé, chantait avec ferveur. Il n'aimait pas le Señor López. Avec lui, l'école n'avait plus la même saveur qu'avant. Il n'avait rien à voir avec les Señor Caspián et Taradellas. Il n'essayait pas d'intéresser les élèves ni de les aider face aux difficultés. L'école qu'il avait connue, celle qui ouvrait sur la connaissance et le monde, n'existait plus. Il n'apprenait plus rien de captivant qui le fasse rêver ou réfléchir. Désormais, il ne faisait que chanter des hymnes à la gloire de Franco et de son parti, et réciter le catéchisme. Voilà à quoi se résumaient ses journées en classe. Sans compter les punitions, ou plutôt les coups, qui n'en finissaient pas de pleuvoir.

Il rira de nouveau le printemps,
que les cieux, la terre, la mer espèrent.
« Allez l'Espagne ! »

La chanson n'en finissait pas. Il sentit son bras levé faiblir. Il tourna la tête vers Emilia et lui fit un clin d'œil. Elle lui pinça furtivement la hanche en retour, ce qui le déstabilisa. Il se rattrapa de justesse, sous le regard goguenard de sa sœur.

Debout, légions, vainquez,
car en Espagne, l'aube commence à poindre.

« Allez l'Espagne ! »

La chanson terminée, les élèves baissèrent aussitôt le bras et rejoignirent la salle de classe. Une fois installés, ils démarrèrent en cœur :

« *Notre Père qui est aux cieux, que Votre Nom soit sanctifié, que Votre règne vienne, que Votre volonté soit faite sur la terre comme au ciel...* »

Assis au fond de la classe, Indalecio étouffa un soupir, il n'en pouvait décidément plus des prières, entre celles du dimanche et de l'école. Il n'y en avait plus que pour Dieu partout ! « *Donnez-nous aujourd'hui notre pain de ce jour. Pardonnez-nous nos offenses comme nous pardonnons aussi à ceux qui nous ont offensés.* »

Ils se signèrent et le cours démarra, enfin. La décoration de la salle était à l'image des matières enseignées. Le Christ sur sa croix au-dessus du tableau pour les valeurs religieuses, et le drapeau fanion phalangiste au-dessus du bureau de l'instituteur, pour les valeurs nationales. Au fond de la classe, la carte d'Espagne avait été accrochée avec, juste au-dessus, la devise phalangiste « Une seule Espagne, grande et libre ! »

« Qui peut me rappeler quelles sont les vertus théologiques ? » demanda l'instituteur en passant dans les rangs.

Quelques doigts se levèrent immédiatement, mais il prenait son temps, parcourant la classe en prenant bien soin de faire claquer ses talons sur le sol.

« Oui, Camilla. »

L'élève répondit aussitôt d'une voix triomphante « *Maestro*, foi, espoir et charité ! »

L'instituteur hocha la tête d'un air satisfait puis d'un coup, se planta devant le voisin de gauche d'Indalecio. « Mateo Sánchez, tu as quelque chose à rajouter que je te vois ricaner comme un idiot ?

— N... non, Maître. J'ai rien à ajouter.

— Menteur !

— Vraiment, j'vous jure Maître !

— Mentir est péché Mateo, tu finiras en enfer si tu continues !

— N… non, Maître, j'vous assure.

— Très bien, si tu ne veux pas parler, ton voisin de devant, lui, le fera peut-être ! »

Il attrapa alors le voisin en question par l'oreille et le fit se lever. L'élève émit un couinement.

« Carlos Gómez, dis-moi tout de suite ce que Mateo t'a raconté !

— M… aître… j'sais pas… c'était pas moi !

— Menteur !

— M…aître… c'est… c'est vrai, j'm'en souviens plus !

— Tu continues de mentir ! »

Cette fois, l'instituteur lui prit les deux oreilles et les tira vers le haut. Le gamin se mit sur la pointe des pieds pour alléger sa souffrance, mais l'instituteur continuait de tirer. Les autres élèves retenaient leur souffle, se demandant combien de temps il allait pouvoir encore tenir avant de perdre ses oreilles. Les larmes coulant sur ses joues toutes rouges, Carlos finit par avouer. « Il… il… il a juste dit… boire… bouffer… et… baiser ! »

Lâchant aussi sec le gamin qui s'effondra à terre, le Señor López se tourna vers Mateo. « Et tu te trouves drôle ? » Il sortit alors le réglet métallique qui ne le quittait jamais, et lui asséna un violent coup sur le front, faisant sursauter la classe. Mateo émit un couinement de douleur.

« Espèce d'imbécile ! Tu ne feras jamais rien de ta misérable vie ! Je veux que tu ailles attendre à genoux sur la baguette de l'entrée et, quand la cloche sonnera, tu iras te confesser tout de suite après la classe, et je m'assurerai auprès de Don Marcelo que tu l'as fait correctement. »

Sur ce, l'instituteur retourna s'asseoir à son bureau. « Reprenons où nous en étions hier sur les races. Qui peut me donner les caractéristiques physiques de la race noire ? »

Mateo se leva rejoindre l'entrée et Emilia lui tendit discrètement au passage un mouchoir pour qu'il puisse essuyer le filet de sang et les larmes qui coulaient sur son visage. Indalecio sentit une bouffée de colère l'envahir. Décidément, l'école, ça n'était vraiment plus ça !

À la fin de la classe, il alla retrouver Mateo et Carlos dans leur repère habituel, derrière le cimetière. Les deux avaient déguerpi sans l'attendre quand la cloche avait sonné.

« Tu m'as vendu, sale traître, tu mériterais que j'te fasse payer ! » criait Mateo en le menaçant de son poing.

« Et qu'est-ce que tu voulais que j'fasse, hein ? J'étais en train de perdre mes oreilles ! » lui répondait l'autre en reculant.

Indalecio s'interposa entre les deux. « Arrêtez voyons, c'est la faute de personne ! Aujourd'hui c'est tombé sur vous, demain ce sera sur un autre… vous savez bien comment ça marche avec lui, faut toujours qu'il montre qu'il est le plus fort. Faut pas le laisser semer la zizanie entre nous, sinon on est fichus ! »

Mateo baissa son poing. « Ouais, t'as raison… »

Ils sortirent les cigarettes qu'ils avaient en poche et s'installèrent tranquillement pour fumer.

« T'as quand même pris un sacré coup… » ? fit remarquer Indalecio en regardant la plaie au front de son ami.

« Ouais, tu l'as dit… et va falloir que j'passe à la confesse chez le curé… j'sais pas comment j'vais m'en sortir », se lamenta Mateo.

« T'inquiète pas… » Indalecio se voulut rassurant. « T'as qu'à lui dire que t' as entendu ça à la *tasca*, que t'as fait que répéter bêtement… tu savais pas trop ce que tu disais… que tu te sens perdu… il te fera réciter des prières et tu seras de corvée pendant un mois ou deux à l'église. Tu pourras peut-être chaparder des gâteaux qu'il reçoit le vieux corbeau ! »

Mateo exhala longuement la fumée de sa cigarette. « Ouais… j'ai pas trop envie de me retrouver seul avec le curé… vous savez ce qu'on raconte… »

Les deux autres hochèrent la tête et restèrent silencieux.

« Au fait les gars, vous avez compris ce qu'il a dit dimanche le curé pendant la messe ? » demanda Carlos.

Les deux autres s'esclaffèrent. « Ah parce que tu écoutes ce que raconte le curé maintenant ?

— Non… mais des fois j'écoute… après tout y'a rien d'autre à faire…

— Si, prier et te repentir !

— Si, dormir !

— Si, mater discrètement les filles.

— Soyez sérieux les gars ! J'vous assure, il a dit le sixième commandement et puis il a dit tarari tarara… j'ai pas compris ce que ça voulait dire. J'ai demandé à mes parents, ils m'ont dit de mieux écouter la prochaine fois. Mais je sais ce que j'ai entendu, il a bien dit tarari tarara !

— Ah ça ! s'exclama Mateo.

— Tu sais ce que ça veut dire ? demanda Indalecio, surpris.

— Oui, ça, c'est la technique du curé pour pas nous mettre des idées impuuuuuuures dans la tête !

— Comment ça ?

— C'est mon frère qui me l'a dit : selon la Bible, on devient impur dès qu'on regarde une femme ou qu'on la touche ou qu'on fricote ou… du coup, ça donne envie de le faire, vous m'suivez ?

— Euh… non j'suis pas sûr, répondit Carlos.

— Quel attardé celui-là ! Plus on t'interdit de faire quelque chose, plus tu as envie de le faire, c'est logique ! Du coup, si la Bible t'interdit de regarder les filles ou de fricoter avec, bah au contraire, t'as qu'une envie, c'est de le faire !

— Aaaah, d'accord, j'ai compris ! Mais le tarari tarara du curé ?

— Ah, mais quel idiot ! T'as compris toi Indalecio ?

— Euh…

— Bon ça fait deux idiots donc. Et dire que c'est moi le cancre ! Le curé, il dit "tarari tarara" pour ne pas parler du tout du sujet, comme ça personne ne comprend rien et personne n'aura l'idée d'aller faire le contraire de ce que dit la Bible !

— Aaaah, d'accord », s'écrièrent les deux autres, comprenant enfin.

Ils restèrent encore un bon moment avant de se séparer après avoir épuisé tout leur tabac et s'être rappelé que Mateo aurait dû se rendre chez le curé depuis un moment déjà.

Indalecio alla retrouver Balbino à son atelier. « Alors c'était comment l'école ?

— Comme d'habitude… des chants, des prières, le *Caudillo* qui a sauvé l'Espagne des rouges[19]… le maître a frappé des élèves…

— Ils avaient probablement fait une bêtise ?

— Non cousin, c'était juste une petite blague, même Dieu en aurait ri… tout ne mérite pas qu'on se prenne des raclées. »

Balbino lui jeta un œil en coin, mais ne releva pas. « Vous avez fait un peu de mathématiques aussi ? C'est important de savoir compter, tu sais…

— Oui, je sais… Cousin ?

— Oui, Indalecio.

— Je vais arrêter l'école, ça sert plus à rien.

— Comment ça ?

— Je sais lire et écrire, et compter… Je connais par cœur *Cara al sol* et Notre Père qui est aux cieux, je peux raconter la grande et glorieuse histoire du *Caudillo* dans le moindre détail et je sais lever le bras bien haut… alors j'ai plus besoin de l'école ! »

Le cousin lâcha son rabot et attrapa Indalecio par l'épaule. « Tu sais que tu dois faire attention à ce que tu dis. Pour la *guardia civil*, tu n'es plus un gamin, elle n'hésitera pas à t'embarquer !

— Oui, je sais… et je fais attention. Mais là fallait que ça sorte ! Je veux vraiment arrêter l'école et travailler avec toi ou garder les bêtes, ou quoi que ce soit d'autre…

— Mais tu aimais bien l'école, je sais que c'est difficile, mais…

— Cousin, c'est plus comme avant. Et puis, depuis que Felix et Antonio sont partis au service militaire, je vois bien que c'est difficile, y'a personne pour te filer un coup de main… Bon sang, à quoi ça sert de continuer à l'école si on n'a rien dans nos assiettes le soir ! C'est ni Dieu ni Franco qui vont nous les remplir ! »

---

[19] Républicains, incluant les communistes, socialistes et anarchistes.

Balbino s'assit sur son tabouret pour prendre un temps de réflexion. Il en avait bien conscience, l'école, avec ses nouveaux dogmes et ses despotes d'instituteurs, était devenue à l'image du pouvoir en place : une dictature où il n'y avait plus de place pour la connaissance. Là où elle aurait dû ouvrir les esprits, elle ne faisait plus désormais que les rétrécir. Pire, elle inculquait dès le plus jeune âge l'idée selon laquelle seules l'autorité et la répression garantissaient la paix et la sécurité à tous les Espagnols. Il était désespéré par les discours qu'il entendait à la *tasca*. La République était bien loin et il commençait à douter qu'elle revienne un jour. Il leva les yeux vers Indalecio. Il n'avait pas tort, le pays ne s'était pas remis de la guerre civile et crevait littéralement de faim. Ils avaient bien du mal à joindre les deux bouts avec Juliana. À croire que la pénitence ne se terminerait jamais, entre la faim et la répression ambiante. Il soupira d'un air triste. « C'est d'accord, j'en parlerai à ta mère. »

Indalecio hocha la tête et resta planté devant son cousin.

« Tu as autre chose à me dire ? » l'encouragea Balbino.

Mais le garçon demeurait indécis.

« Allons, parle ! » s'impatienta le cousin.

« Y'en a qui disent que le nouveau curé, Don Marcelo, il est là parce qu'il a fait des choses pas claires dans son ancienne paroisse… avec des enfants…

— Ce sont des rumeurs, ne les relaie surtout pas, tu connais les risques. » Balbino hésita. « Mais évite quand même de te retrouver seul avec lui ou de le croiser en dehors de l'église. Mieux, rends-toi invisible comme tu sais si bien le faire. Dis à Emilia d'en faire autant. »

Indalecio resta pensif. « Si c'est vrai ce qu'il a fait, pourquoi n'aurait-il pas droit lui aussi au feu éternel de l'enfer ? »

Le cousin lui sourit tristement. « Il y aura droit… il y aura droit, crois-moi, d'une manière ou d'une autre. » Il se leva et se remit au travail.

« Cousin ?

— Hmmm…

— Est-ce que tu crois qu'on peut toujours nous arrêter pour ce qu'a fait notre père ? Nous accuser d'être des républicains ou des anarchistes, ou encore des communistes et nous tuer après nous avoir obligés à creuser notre trou ? »

Surpris, Balbino en lâcha son rabot. « Non, bien sûr que non ! Ton père, c'était il y a longtemps, qui s'en souvient à part Chustosalto ! Des crimes bien pires ont été commis depuis… Et puis, on n'a jamais combattu ni milité durant la guerre. Nous n'avons fait que survivre comme nous pouvions. Et regarde tes frères, ils se sont portés volontaires pour le service militaire alors qu'ils avaient passé l'âge… on fait preuve de bonne volonté, on se tient à carreau, y'a pas de raison qu'on vienne nous chercher. »

Mais Indalecio insista.

« Et s'ils découvrent ce que fait Antonio avec d'autres garçons ? Et s'ils l'embarquent ?

— Il sait qu'il doit faire attention.

— Mais tu l'as dit toi-même, on ne peut plus faire confiance à grand monde de nos jours.

— Je ne peux rien te dire de plus.

— Cousin, quand est-ce que ça va s'arrêter tout ça, de toujours faire attention, d'avoir peur, d'avoir faim, de partir et de tout abandonner ?

— Je ne sais pas mon garçon, je ne sais pas. »

Indalecio resta aider le cousin jusqu'au soir, ce qui lui fit beaucoup de bien. Travailler lui évitait de trop penser. Lorsqu'ils rentrèrent, ils trouvèrent Juliana et Leonides étrangement calmes et très affairées. Ils interrogèrent Emilia du regard. Celle-ci regarda sa mère d'un air hésitant avant de se lancer. « Maman a reçu une lettre de Papa…

— Et que raconte-t-il ? » demanda Balbino en s'asseyant à la table.

Juliana sortit la lettre de sa poche et la lui tendit d'un air indifférent. « Tiens, lis-la. »

Surpris, il commença à la lire à voix haute. Indalecio Leonides et Emilia s'installèrent en face de lui, de l'autre côté de la table. Genaro écrivait que la France était sous le joug de l'Allemagne depuis qu'elle avait signé l'armistice. Il avait été envoyé dans un groupement de travailleurs étrangers dans le sud-ouest où les conditions de vie ne valaient pas mieux que la prison. Il écrivait ne pouvoir en dire plus, car tous les courriers sortant du camp étaient ouverts et censurés.

« Bein c'est bien malin tout ça au final… » commença Indalecio d'un ton grinçant.

Il ignora le regard d'avertissement de Leonides et continua. « Avoir fui, nous avoir lâchés, et tout ça pour finir quand même en prison, mais dans un autre pays… à travailler pour les amis des franquistes ! »

Au moment où son aînée s'apprêtait à lui tomber dessus, la voix de leur mère la stoppa net. « Ton père est bien des choses mon fils. Brave, déterminé, obstiné, têtu… mais malin ? Personne ne l'a jamais accusé de ça ! » dit-elle. Elle n'en pensait pas moins et se mit à sourire. Puis son sourire devint rire. Un rire qui résonna longtemps dans la demeure.

14
Clara
Hiver, 1990

Quelle humiliation ! Clara sortit de la classe de sciences naturelles en dernier, tête baissée, et alla se poster dans le couloir à l'écart de ses camarades, dans l'attente du prochain cours. Elle était en colère. Oui, la situation était difficile depuis quelques années déjà. Son père ne pouvait plus travailler à cause de ses problèmes de cœur, et les indemnités qu'il touchait n'allaitent pas bien loin selon les dires de sa mère. Se parents continuaient de percevoir les allocations familiales, mais elles avaient été réduites depuis qu'il ne restait plus que Marianna, Sergio et elle à la maison. Il n'y avait donc pas d'argent pour le moindre extra et cela elle pouvait le comprendre, c'était comme ça.

Mais cette sortie aux grottes de Lascaux… Elle s'en voulait d'avoir écouté sa mère en invoquant une raison si peu crédible pour ne pas être du voyage. Et elle détestait la professeure de l'avoir humiliée devant ses camarades en lui rappelant sa condition. « Tu sais Clara, si c'est une question d'argent, nous avons un fonds spécial au collège pour les familles les plus démunies. » Clara était devenue écarlate, sentant tous les regards tournés vers elle. N'ayant pas d'autre choix que de s'accrocher à son mensonge, elle avait vaillamment répondu : « Non Madame, je vous assure, on va à un mariage, d'ailleurs je ne pourrai pas venir en classe le vendredi parce qu'on doit faire la route jusque dans le sud. » La professeure l'avait regardée avec insistance encore un court instant avant de battre en retraite À la fin du cours, elle l'avait néanmoins de nouveau interpellée. « N'oublie pas de parler à tes parents du fonds, ce serait dommage que tu ne puisses pas venir. »

Bien sûr que c'était dommage ! C'était même injuste ! Depuis toute petite elle faisait beaucoup d'efforts à l'école pour être parmi les bons élèves, pour que sa mère dise qu'elle faisait partie des bons enfants qui ne lui causaient pas de soucis, pour que son père voie qu'elle n'était pas la huitième, celle de trop… pour que ses parents réalisent enfin qu'elle existait. Aussi parce qu'elle avait toujours espéré que si elle travaillait bien, elle obtiendrait des récompenses, et qu'elle aussi pourrait être de la partie un jour, comme ses camarades… Mais non, elle avait beau se donner du mal, elle restait toujours en arrière, ce n'était jamais son tour. Et rien, pas le moindre soutien. Personne pour la rassurer quand elle avait des doutes, personne pour l'aider quand elle ne comprenait rien en maths et qu'elle pleurait, seule, face à ses leçons, se demandant comment elle allait s'en sortir. Personne pour lui dire qu'un jour, ça irait mieux. Elle repensa au fonds spécial pour les plus démunis dont avait parlé la professeure. C'était peine perdue, sa mère n'irait jamais « quémander », comme elle avait l'habitude de dire. Clara eut un rictus amer. Et quoi ? Ses parents étaient donc trop pauvres, ou trop orgueilleux, ou pas assez bien, pour demander de l'aide ?

Oui, tout était injuste ! Du temps où son père travaillait, ses frères et sœurs, même les cancres, avaient tous participé aux sorties scolaires. Ils avaient eu des habits neufs et ils avaient même fait du sport ! Sa mère louait leurs incroyables dons alors que, en dehors de Pilar, aucun d'entre eux ne réussissait dans les études. Alors oui, c'était injuste !

À quoi avait-elle droit elle en dehors des vêtements que toutes ses sœurs avaient portés ? D'un coup, son cœur s'accéléra et elle se sentit suffoquer et elle s'éventa de la main. Elle en avait assez de cette famille, d'être toujours à l'écart de tout, d'être celle qui n'avait rien de spécial et qu'on oubliait. De se sentir seule. Elle en avait marre d'avoir honte, honte de ne pas avoir d'argent, que son père soit ouvrier, qu'il soit plus âgé que la plupart des parents de ses camarades, que sa mère s'habille avec les vêtements que lui donnait sa grand-mère, et que l'on confonde ses parents avec ses grands-parents. Elle avait honte que sa famille ne soit pas comme les autres, qu'il y ait tout le temps des cris, des disputes, que ses frères et sœurs disparaissent, sans trop savoir pourquoi, et réapparaissent, sans explication, les non-dits… Les larmes lui montèrent aux yeux. Elle se sentait aussi terriblement coupable d'éprouver de tels sentiments et d'être aussi dure envers ses parents. Elle ne se sentait pas bien dans sa peau ni à sa place, nulle part.

Se donnant un coup discret sur la cuisse, Clara ravala ses larmes et redressa la tête. Elle l'aurait sa revanche, oui elle l'aurait. Le plan était très clair et… pragmatique : elle réussirait ses études et grâce à cela, elle gagnerait de l'argent. C'était aussi simple que cela et elle y arriverait si elle restait concentrée sur ce chemin tout tracé. Finis les rêves d'écrivain, bien trop risqués, elle ne pouvait se les permettre. Non, le plus important était de s'extraire de cette condition. Ils verraient bien, tous, à commencer par ses parents… oui elle l'aurait sa revanche ! Seul rêve qu'elle compter bien garder et réaliser : voyager. Mais même pour ça, il fallait de l'argent.

La professeure d'espagnol, Madame Cuevas, fit rentrer les élèves dans sa classe. Clara alla s'installer au second rang, à côté de sa copine Morgane qui lui demanda si ça allait. Elle grimaça en signe de réponse.

« C'est vraiment pas cool ce qu'elle t'a fait la prof, devant tout le monde en plus, quelle conne ! »

Clara se força à lui sourire. « Oui, tu l'as dit… quelle conne. » Elle se concentra sur le cours. Elle aimait beaucoup l'espagnol, langue pour laquelle elle éprouvait beaucoup de facilité. Cependant, malgré ses excellentes notes, elle ne se sentait jamais vraiment à l'aise en cours. Elle n'arrivait toujours pas à rouler les « r » et désespérait d'y arriver un jour. Et malgré l'entraînement, elle avait toujours son accent français. Elle avait beau s'appeler Gallego, jamais elle ne passerait pour une Espagnole… Elle était française, mais elle avait des origines espagnoles qui n'étaient pas très claires, en dehors de l'accent de son père. À dire vrai, elle ne savait trop quoi faire de ses origines. Madame Cuevas, qui l'appréciait beaucoup, lui avait demandé si elle parlait en espagnol avec son père. Craignant de la décevoir, elle avait menti et répondu par l'affirmative, en précisant cependant « de temps en temps ». Il était aussi arrivé que, lorsque la professeure abordait la période du franquisme, elle s'adresse à elle comme témoin, comme si toutes deux partageaient un savoir secret sur l'histoire de l'Espagne. « N'est-ce pas Clara, ton père a dû fuir le franquisme ? » Et elle, de répéter le peu qu'elle avait entendu lors des repas de famille, lorsque son père avait un peu bu et qu'il revenait toujours sur les mêmes histoires d'Espagne, c'est-à-dire pas grand-chose. « Oui, sa famille était très pauvre, ils n'avaient pas de quoi manger. Il a même dû manger son chien. C'est pour ça qu'il est venu en France. » Elle n'était pas vraiment sûre de l'histoire du chien, mais cela faisait toujours son petit effet.

Clara ne savait rien de l'histoire de son père ni de sa famille. En dehors de la tante Emilia, qu'elle n'avait pas vue des années, elle ne connaissait pas ses autres oncles et tantes. Elle savait que certains étaient morts, d'autres évanouis dans la nature. Le grand-père Gallego était décédé avant sa naissance. Après les étés 82 et 83, ses parents avaient arrêté les vacances en Espagne, ce qui l'avait beaucoup attristée. Ces vacances restaient pour elle les meilleures de sa vie. Elle en gardait des souvenirs précieux, surtout cette sensation de liberté et d'insouciance. Un vrai goût de l'enfance, si rare dans le reste de sa vie.

Elle aurait aimé en savoir plus sur son père, le questionner, mais elle n'osait pas. Il était tellement inaccessible. Elle ne se voyait pas lui demander quel genre de petit garçon il avait été, comment il avait grandi ou comment étaient ses parents. D'ailleurs elle n'arrivait pas à se l'imaginer enfant.

La seule chose qu'elle ressentait de son père, c'est qu'il avait honte, lui aussi. Il s'isolait et ne fréquentait pas grand monde en dehors des quelques rares Espagnols du quartier. Il ne s'exprimait sur rien, sauf sur l'Église qu'il avait en aversion, et la politique, de temps en temps.

Il se disait Français, enfin surtout sa mère, mais refusait de se mêler aux autres, laissant sa femme tout gérer, se contentant d'être présent pour la logistique. Même lors des compétitions sportives de ses frères, il se garait et restait toujours à l'écart. Oui, c'est sûr, il avait honte lui aussi, et cela rendait Clara, qui n'en avait que trop conscience, à la fois triste et en colère. Elle avait honte qu'il ait honte.

15
Indalecio
Été, 1944

« Une seule Espagne, grande et libre ! Regardez le pain de notre grande Espagne ! » Scandait en boucles la *guardia civil* en remontant la longue file devant le magasin.

Indalecio regarda où il en était dans la queue et prépara ses cartes de rationnement, l'une pour la viande, l'autre pour le reste des denrées. Elles étaient toutes tachées et froissées. Il les fit glisser entre ses paumes de main pour les lisser. Habituellement, c'était sa mère qui se chargeait du ravitaillement, mais ce matin, elle ne se sentait vraiment pas bien. Il avait donc pris le relais et irait rejoindre Balbino à l'atelier plus tard. Il faisait déjà terriblement chaud, bien qu'il fût encore tôt. Il s'éventa avec les cartes. Cela faisait des mois qu'il ne pleuvait pas, les récoltes ne seraient vraiment pas bonnes et le travail se raréfiait. Les temps étaient vraiment difficiles, les pénuries nombreuses rendaient tout tellement cher que même avec les tickets de rationnement, la famille peinait à se nourrir. Pourtant, il ne restait plus que la mère, Emilia, Antonio et lui chez Balbino. Il pensa à Felix et Leonides, qui s'étaient mariés deux ans auparavant et étaient déjà parents. « Quelle idée de faire des gosses à une époque pareille ! » maugréa-t-il tout bas. Il se demandait bien quel avenir encore espérer quand la situation était devenue pire que lorsqu'ils vivaient à Chustosalto.

Il attrapa une cigarette dans sa poche et l'alluma. Il tira longuement dessus d'un air songeur. Il devait bien reconnaître qu'il était plus tranquille depuis que ces deux-là étaient partis. Leonides était devenue trop autoritaire, comme la mère. Cela faisait beaucoup pour lui. Elle l'avait toujours été, mais avec l'âge, ça avait empiré. Surtout, il ne la trouvait pas très reconnaissante. Toujours à contredire la mère et à défendre le père. Il la trouvait bien ingrate. C'était tout de même leur mère qui avait tenu la famille toutes ces années. Il repensa à Genaro. Il s'était récemment rendu compte qu'il avait passé autant d'années avec le cousin qu'avec lui. Ce n'était pas rien. Il se fichait bien de ce que les mauvaises langues pouvaient dire sur lui, Balbino les avait accueillis, avait toujours été là pour eux et ne les avait jamais laissés tomber. N'était-ce pas ce qu'était censé faire un père ? Quant à Felix, il n'y avait plus que son propre intérêt qui comptait.

« Il va avec le vent », disait Antonio qui lui reprochait ses rapprochements avec les phalangistes du village.

Sûr que le père apprécierait, ça ! Felix s'était aussi beaucoup rapproché de Leonides, que les nouvelles amitiés de son frère n'avaient pas l'air de déranger. Sûrement dû aux tickets de rationnement supplémentaires qu'il recevait de temps en temps de ses nouveaux amis.

« Une seule Espagne, grande, libre ! Ici personne ne meurt de faim ! »

Indalecio réprima un mouvement de colère. Personne ne mourait de faim ? Alors que faisaient-ils tous là à faire la queue ? Pour mendier à peine de quoi subsister ? Personne ne mourait de faim ? Alors pourquoi était-il obligé d'aller au marché noir pour acheter au prix fort de quoi tenir ? Antonio avait déjà fait deux courts séjours au cachot pour s'être fait attraper. En quoi était-ce un crime d'essayer de nourrir sa famille ? Une altercation devant lui le tira de ses pensées. C'était le vieux Florencio Santamaria qui tenait sa canne levée en direction des hommes de la *guardia civil* et les invectivait :

« Tellement grande qu'on y est libre de crever de faim ! »

Et il cracha à leurs pieds.

Un des gardes s'avança vers lui, saisit brusquement sa canne et le renversa en la lui arrachant.

« Mauvaise graine ! Vous ne devriez pas vous occuper des voleurs au lieu de vous en prendre à un vieil homme ! » cria Florencio.

« Si le vieux continue à semer le trouble sur la voie publique, il va retourner chez lui les mains vides ! »

Sentant la situation sur le point de dégénérer, Indalecio se rapprocha et tenta de calmer la situation. « Sergent, c'est le vieux Florencio, vous le connaissez… vous savez bien qu'il n'a plus toute sa tête depuis qu'il a perdu sa famille… il ne sait pas toujours ce qu'il dit. »

Quelques voix dans la queue se joignirent à la sienne, ce qui le rassura.

« C'est vrai, c'est qu'un vieil homme, soyez charitables, il va se calmer, il ne recommencera pas ! »

Hésitant, le garde consulta du regard son chef qui acquiesça d'un signe de tête. « Il a intérêt à se calmer s'il veut pas terminer au trou ! Nous sommes là pour assurer deux choses : l'ordre et la paix ! Y'a pas de place pour les contestataires dans ce pays ! »

Indalecio acquiesça en retenant un petit soupir de soulagement. Il attendit que la *guardia civil* se fût un peu éloignée pour venir en aide à l'ancien. Ce dernier gémissait. « Avant on était pauvres et on nous traitait mal, maintenant c'est pire, on est miséreux et on nous traite pire que des animaux ! »

Indalecio raccompagna Florencio chez lui après avoir récupéré ses rations. Il doutait que le vieil homme ne refasse pas des siennes une prochaine fois, et il se demanda combien de temps avant qu'il ne se fasse embarquer pour de bon. Arrivé dans sa rue, il entendit les voix de sa mère et Leonides. Il leva les yeux au ciel, elles étaient encore en train de se disputer. Décidément, elles avaient perdu tout sens commun. Il rentra rapidement en prenant soin de bien fermer la porte derrière lui. Dans la cuisine, les deux femmes se faisaient face de chaque côté de la table. Aucune ne remarqua son arrivée. L'espace d'un bref instant lui vint en tête l'image d'une scène similaire, entre son père et sa mère, à Chustosalto. Il regarda le bébé accroché au sein de sa sœur. Le petit garçon se prénommait Angel. « Mère, tout ce que l'on te demande, c'est de te joindre aux autres femmes du village, ça commence à jaser !

— Je m'en contrefiche ! Je respecte la loi, je respecte l'église, je fais mes tâches comme une bonne Espagnole… comme le veut le *Caudillo* ! Donc, ce que pensent les autres… de toute façon, tous des hypocrites !

— S'il te plaît, mère, on va t'entendre !

— Et alors, j'ai même plus le droit de parler librement sous mon toit ? Je ne t'ai pas élevée pour que tu passes ta vie à prier, laver et coudre et surtout pas faire de vagues ! C'est ça la vie que tu veux ? Quelle tristesse !

— Parce que c'est pas justement ce que tu as fait toute ta vie mère, prier laver et coudre ?

— Non ma fille, moi j'avais le choix. Ce n'est ni un *caudillo*, ni ton père, ni aucun homme qui me dictait où était ma place et ce que j'avais à faire ! Ni comment je devais m'habiller d'ailleurs ! Regarde-toi avec ton foulard sur la tête et ces habits de vieille ! Moi j'ai choisi ma vie et je ne vais pas aller la raconter à des femmes qui me trahiront à la première occasion !

— *Señoras*, on vous entend depuis la rue, vous voulez qu'on vous embarque ? »

Indalecio se retourna vers Antonio et Balbino qui venaient d'arriver. D'une voix lasse, Juliana interpella son fils. « Antonio, dis à ta sœur de me laisser tranquille !

— Mon frère, je lui demandais simplement, pour notre bien à tous, de faire des efforts pour s'intégrer à notre groupe de voisines ! »

Juliana s'approcha de son aînée et, d'une voix apaisante, lui demanda :

« Pourquoi devrais-je me forcer à rejoindre ton groupe ?

— Parce que c'est ce que font les bonnes Espagnoles. On partage tout et on règle les problèmes ensemble.

— Tiens donc, les bonnes espagnoles… Ah oui… parce que les problèmes de couture méritent vraiment qu'on se réunisse tous les après-midi ? Laisse-moi rire ! Vous n'abordez jamais les vrais problèmes ! Vous avez peur de quoi ? De qui ? De vos maris ? De la *guardia civil* ? Du nouveau curé ?

— Mais de rien ni de personne ! On est libres de dire ce qu'on veut !

— Ah oui, parce que la Gimena qui est régulièrement couverte de bleus, elle est libre de dire ce qu'elle veut ? Grâce à notre *Caudillo* elle peut même plus divorcer ! Et la María qui s'est retrouvée grosse grâce aux attentions du fils du délégué… vous en dites quoi ? Ah non c'est vrai que c'est une mauvaise femme, vous ne lui parlez plus !

— Mère, s'il te plaît, arrête !

— Non, je ne me tairai pas ! Des esclaves, des commères, des mégères, voilà ce qu'on devient, nous les femmes ! On a juste le droit de se taire, d'acquiescer… On ne peut même plus donner son avis !

— Ah ça, on a tous vu ce que ça a donné quand tu pouvais donner ton avis et que t'as voté ! »

La gifle qui s'abattit sur Leonides fit sursauter tout le monde. « Ne me parle plus jamais comme ça, je suis ta mère. Et malgré ce que tu penses, et même si j'ai pu faire des erreurs, mes actions n'ont jamais eu d'autre but que de protéger ma famille. J'ai toujours assumé mes choix et n'ai eu d'autre priorité que de nourrir mes enfants. Bien que cela ait été et soit toujours difficile, je ne pense pas avoir failli de ce côté-là ! Ton père peut-il en dire autant ? Maintenant il est temps de rentrer chez toi ma fille. »

Leonides avait le visage en feu. Relevant le bébé dans ses bras, elle se dirigea vers la porte, passa devant les trois hommes hébétés et quitta la maison. Balbino, sans un mot, se dirigea vers une des étagères, se saisit d'une bouteille d'*aguardiente* et servit quatre verres. Il s'assit et but le sien d'un trait. Les autres s'installèrent à leur tour, silencieux. Emilia arriva tout sourire et un peu essoufflée. « Je viens de croiser Leonides, elle n'avait pas l'air… »

Elle laissa sa phrase en suspens en percevant l'humeur ambiante. Elle attrapa un verre et se servit avant d'aller se poster dans un coin de la pièce.

Balbino se resservit et dit, d'une voix tranquille. « Cousine, tu sais ce que je suis d'accord avec toi, mais… tu dois faire attention.

Leonides n'est pas une mauvaise fille, elle tient à toi, comme nous tous. Surtout, elle n'a pas tort sur tout, il faut donner le change. Tu sais ce que ça peut nous coûter un mauvais ragot ou une rumeur persistante. Rappelle-toi le fils Parra.

— Cousin, je fais ce qu'il faut, je me tiens à carreau. Ça serait bien plus risqué pour moi d'aller au groupe de couture, je risquerais de déraper, tu le sais… comme je viens de le faire avec ma fille. Il vaut vraiment mieux que je me tienne à l'écart.

— Je sais très bien ce qu'il en est, mais on doit faire attention à tout, à tous… à la *guardial.*

— Allons cousin ! Ils ne vont pas embarquer une vieille femme comme moi juste parce que je ne vais pas à la couture ! Les prisons doivent être pleines à craquer à force d'accusations, de dénonciations et autres règlements de comptes.

— Mère, tu le sais bien, quand ils n'ont plus de place dans les prisons et les camps, ils en cherchent sous terre, et on ne veut pas avoir à chercher un jour lequel est ton trou. »

Devant la brutale réalité de ces mots, Juliana regarda Antonio d'un air presque incrédule. Que répondre à cela ? Soudain elle se sentit fatiguée, comme cela lui arrivait souvent ces derniers temps. La nausée commençait à monter aussi. Elle se leva et s'adressa à sa fille :

« Emilia, ne reste pas plantée là, aide-moi à finir de préparer à manger ! Et va te coiffer, d'où viens-tu avec une tête pareille ? »

Indalecio dissimula un sourire. Il savait qu'elle avait commencé à fréquenter un jeune homme d'un village voisin. « Oui Emilia, dis-nous d'où tu viens ? »

Une stèle en pierre de dix mètres de haut sur laquelle avait été gravée une croix se dressait sur le chemin, à quelques pas de l'entrée du village. Elle avait été érigée quatre ans auparavant, en l'honneur des « héros » franquistes. Antonio cracha discrètement dessus après avoir vérifié qu'il n'y avait personne aux alentours. La contournant, il fit un signe à son frère. « Viens, regarde, y'a des traces, c'est plus dégagé. C'est sûr ils sont passés par là. »

Ils suivirent la piste menant en contrebas, l'un d'un pas pressé, l'autre traînant des pieds. Indalecio n'aimait pas ce qu'ils étaient en train de faire. Il avait suivi par solidarité fraternelle. Un peu par curiosité, aussi. Ils risquaient de gros ennuis s'ils se faisaient prendre en train de fouiner dans le coin. Il jetait constamment des regards en arrière et s'inquiétait du moindre bruit de moteur en provenance de la route.

« Par-là frangin ! »

Ils suivirent le chemin plus ou moins tracé à travers la végétation, et arrivèrent à une petite clairière. Ils virent tout de suite le grand rectangle de terre retournée. Antonio resta un long moment à le contempler.

« Il est là frangin. Je peux le sentir. »

Indalecio grimaça en entendant la voix brisée de son frère et détourna pudiquement les yeux. « Je ne sais pas Antonio. Ils les font venir de partout… peut-être que lui est ailleurs… »

L'aîné renifla, retenant ses larmes. « Moi si, je sais que Miguel-Angel est là. »

Indalecio lui toucha le bras dans un geste de réconfort avant de retourner un peu sur ses pas, à l'entrée de la clairière. « Je vais faire le guet, fais ce que tu as à faire. »

Tout en surveillant les alentours, il observait son frère du coin du regard. Il le vit s'agenouiller et prit de la terre dans ses mains. Il l'entendit sangloter doucement. Ému, il s'éloigna un peu plus.

Miguel-Angel avait été le premier amour d'Antonio, il y avait de cela quelques années, avant qu'il ne parte pour le service militaire. Il était tellement amoureux qu'il s'était même mis en tête de s'enfuir avec lui. Plus rien ne comptait d'autre. Indalecio, qui les avait un jour surpris ensemble, avait été mis dans la confidence. Craignant pour son frère, il en avait alors parlé à Balbino qui, avec sa discrétion habituelle, était aussitôt intervenu. S'ils s'enfuyaient, ils devaient penser aux conséquences pour leurs familles. Ils n'auraient plus leur place nulle part et vivraient en permanence dans la fuite et la crainte. L'époque n'était pas à la tolérance, où que ce soit, et il valait mieux les non-dits dans leur village que les vérités dérangeantes ailleurs. Antonio en avait beaucoup voulu au cousin et à son jeune frère, mais il avait fini par se rendre à la raison. La mort dans l'âme, il s'était rendu aux arguments de Balbino et, suivant ses conseils, était parti pour le service. Quand il était rentré, 18 mois plus tard, les choses avaient changé, et son amour aussi. Cependant, Miguel-Angel avait gardé une place spéciale dans son cœur. « Un premier amour, frangin, ça ne s'oublie pas. » Avait-il simplement expliqué à son cadet lorsque Miguel-Angel, accusé d'homosexualité, avait été embarqué par la *guardia civil,* et qu'il avait remué ciel et terre pour le retrouver.

Indalecio n'avait jamais vraiment bien compris comment Antonio, en tant qu'homme, pouvait rester insensible au visage, au sourire, au décolleté ou aux cuisses d'une fille quand lui avait bien du mal à se contenir. Il ne voyait vraiment pas ce qu'il pouvait y avoir d'attrayant chez un autre garçon.

« C'est comme ça frangin, ce que toi tu trouves beau chez une fille, chez Maria Carmen par exemple, avait tenté de lui expliquer son aîné, ben pour moi c'est la même chose, mais chez le garçon. Au final, c'est juste une question de goût finalement… »

Indalecio n'avait pas franchement été convaincu, mais c'était son frère et il l'aimait, il était inutile de chercher plus loin. « Tu crois que les autres le savent ? » lui avait-il demandé, en parlant de leur mère et de leurs frères et sœurs.

Antonio s'était contenté de hausser les épaules. « P'têt ben que oui… mais on n'en parle pas, c'est mieux comme ça. »

Indalecio avait hoché la tête. « Fais attention quand même.

— Je sais frangin, je sais… mais tu sais, les gens comme moi… on n'est pas des erreurs de la nature comme le dit l'Église ou ce nain de Franco… on ne fait de mal à personne, mais à nous, on nous en fait beaucoup. Tu sais, je suis normal. »

Antonio alla arracher deux branches qu'il fixa en croix avec un petit lacet tiré de sa poche. Puis il récupéra un large morceau d'écorce, sortit un petit couteau et se mit à graver minutieusement. Il enfonça la croix au milieu du rectangle de terre qui se trouvait le plus à l'ouest de la clairière, puis il y accrocha la plaque d'écorce, bien en évidence. Il s'écarta un peu pour juger l'ensemble avant de faire signe à son frère de le rejoindre. Indalecio s'approcha et lut. « Miguel-Angel Parra » Antonio retira le foulard qu'il portait autour du cou et le noua sur la croix. « On va prier maintenant. » Indalecio eut un mouvement de surprise. « Non je ne crois toujours pas en Dieu… mais lui y croyait. De sa vie, Miguel n'a jamais fait de mal à personne, il mérite sa place au paradis, quoi qu'en disent ces enculés. Alors, toi et moi on va prier pour lui. » Ils restèrent à prier à voix basse, chose que ni l'un ni l'autre n'avaient réellement faite depuis bien longtemps. Après un dernier adieu, ils repartirent.

Sur le chemin du retour, Indalecio pensa à sa mère. Quelque chose ne tournait pas rond depuis quelque temps déjà. Il avait remarqué qu'elle mangeait peu, et qu'elle avait beaucoup maigri. Elle avait vraiment mauvaise mine certains jours, et Emilia lui avait rapporté qu'elle se cachait pour vomir. Il la trouvait aussi très dure, voire mauvaise, comme lorsqu'elle avait commenté la disparition de Miguel-Angel. « Il affichait trop ce qu'il était, c'était pas très malin de sa part. »

Indalecio s'adressa à son frère. « Antonio, je sais que tu es fâché avec la mère, mais il y a quelque chose qui ne va pas.

— Oui, je vais te dire ce qui ne va pas chez elle : sa méchanceté sans limite ! Une harpie, voilà ce qu'elle est ! Elle est allée trop loin au sujet de Miguel-Angel ! Même le cousin n'arrive plus à lui faire entendre raison ! Elle est devenue incontrôlable et fait payer à tout le monde, je n'sais même pas quoi au juste !

— Non, écoute-moi, il y a quelque chose qui ne va vraiment pas. Je pense qu'elle est malade… et que c'est grave. »

16
Indalecio
Printemps, 1946

Les frères et sœurs s'étaient réunis chez Leonides.

« C'est décidé, on ne va pas attendre de crever de faim ici, avec Ernesto et les enfants, nous partons en France. »

Indalecio tira longuement sur sa cigarette en observant sa sœur. La décision était prévisible, cela faisait un certain temps déjà qu'elle parlait d'aller retrouver leur père en France. Elle n'allait pas vraiment lui manquer. Il était rentré depuis peu de son service militaire et il se sentait vide. Il avait passé 18 mois dans divers camps entre Huesca et Saragosse. Il avait arrêté de compter le nombre de fois où il avait embrassé le drapeau espagnol, juré à Dieu et promis à son pays de le respecter, de lui obéir, et de le défendre jusqu'à y laisser son sang. Au moins avait-il été bien nourri, là où le reste de la population crevait de faim. Il avait également pu retourner en classe, mais les cours dispensés ne tournaient qu'autour de l'Espagne victorieuse face à ses oppresseurs. Il avait vécu ses mois de service comme un enfermement et en était ressorti avec l'impression qu'on lui avait lessivé le cerveau.

Felix inspira et, à son tour, annonça :

« On en a parlé avec Marta, elle a déjà son frère et sa sœur en France, on doit penser au petit. C'est déjà compliqué, si y'a d'autres enfants qui arrivent… donc oui on part aussi. »

Indalecio écrasa son mégot dans le cendrier sur la table. Sans surprise non plus cette décision. Son aîné ne lui manquerait pas non plus. C'était du Félix tout craché… après s'être rapproché des franquistes sans grand résultat, il allait tenter la France.

Les regards se tournèrent alors vers Antonio. Ce dernier leva son verre à l'attention Indalecio :

« Je pars. »

Et il but d'un trait. Indalecio hocha la tête. Ils en avaient déjà parlé. « Frangin, tu me connais, je n'ai pas envie de vous laisser, mais vois ce qui est arrivé à Miguel-Angel, je n'ai pas envie de terminer au fond d'un trou. Et tôt ou tard, je baisserai ma garde, et on me tombera dessus. »

Indalecio comprenait, mais cela ne diminuait en rien son chagrin. Lui par contre, il allait vraiment lui manquer.

« Emilia ? »

Celle-ci, d'un ton ferme, répondit : « Je reste. »

Il sourit à sa sœur. Fidèle Emilia…

Il n'en restait plus qu'un. Leonides se tourna alors vers lui. « Indalecio ? »

À son tour, il leva son verre vers Antonio :

« Je reste. »

Et il avala aussi sec. En reposant son verre sur la table, il remarqua la dernière lettre de leur père, reçue un mois plus tôt. Genaro ne correspondait désormais plus qu'avec sa fille aînée et elle se chargeait de relayer les nouvelles à la fratrie. Dans son dernier courrier, leur père les incitait à le rejoindre, à Paris, où il vivait désormais. Il y avait du travail en France, avec la fin de la guerre, il fallait tout reconstruire et le pays avait besoin de main-d'œuvre. En attendant que la République reprenne un jour ses droits en Espagne, mieux valait être du bon côté de la frontière, et il les aiderait à s'installer. Personne n'avait osé en parler à leur mère, ni même au cousin. Indalecio se redressa. « Et la mère ? Et Balbino ? Vous leur en avez parlé ?

— Tu sais très bien qu'elle ne viendrait pas. Pareil pour Balbino, c'est chez lui ici.

— Tu leur as demandé ?

— Non… c'est inutile. Ils ont toujours dit qu'ils finiraient leurs jours ensemble… ça veut dire ici… Mais rien ne t'empêche de leur en parler. »

Indalecio fit un effort pour maîtriser sa voix alors que la colère montait dangereusement en lui. « Vous savez tous qu'elle est malade. »

Leonides, comme à son habitude sur ce sujet, dédramatisa. « Le docteur ne sait pas ce qu'elle a vraiment. Tu sais toi, peut-être ? »

Indalecio explosa. « Et ne pas savoir signifie qu'elle va bien alors ? Mais vous voyez bien son état quand même ? Elle est maigrissime ! Et sa peau, on dirait qu'elle est jaune ! Elle a mal, tout le temps, elle n'arrive même plus à s'en cacher !

— Indalecio, on ne sait pas ce qu'elle a et malgré tout le temps passe… qu'est-ce que tu veux qu'on fasse ?

— Rester, tout simplement ! Mais vous, vous partez quand même ! Vous ne pouvez pas attendre ! Le père claque des doigts et vous courez comme de bons petits enfants bien obéissants ! Vous ne pensez qu'à vous ! »

Felix se fit autoritaire. « Ça suffit, frangin ! »

Indalecio, furieux, se leva d'un bond, renversant sa chaise. « Non, frangin, ça ne suffit pas ! Je n'vais pas me taire cette fois ! Elle, elle est restée avec nous. Lui, malgré tous ses beaux discours, il est parti, au pire moment ! Et vous, vous faites comme lui ! Il sauve sa peau, il commence sa belle vie pendant qu'elle, elle va en prison et que nous on manque de crever de faim ! Qu'est-ce qu'il a fait pour vous, pour nous, hein ? Rien ! Même pas capable d'envoyer ni même un sou ! Une misérable lettre de temps en temps et vous faites comme si c'était le Bon Dieu en personne qui écrivait ! C'est un égoïste de merde, voilà ce qu'il est ! C'est comme ses idées, c'est du vent et lui rien qu'un lâche ! »

Le voyage, qui s'annonçait difficile et long, surtout avec des enfants en bas âge, fut soigneusement préparé. Les frontières espagnole et française étant toutes deux fermées, ils s'étaient bien renseignés sur le passage qui leur permettrait de rejoindre la France. Une fois passés de l'autre côté de Pyrénées, ils rejoindraient Perpignan où les attendait un contact de leur père qui les ravitaillerait et les aiderait à atteindre la capitale française. Les aînés Gallego quittèrent Lorién tôt le matin, un jour de juin.

La veille, ils étaient allés dire au revoir à leur mère et Balbino. Le cousin les avait chaleureusement serrés un à un dans ses bras. « Je vous souhaite bonne chance, que Dieu vous garde et vous donne une belle vie en France. » Il n'avait pas caché son émotion et les trois n'avaient pu retenir leurs larmes. Juliana leur avait préparé un balluchon de nourriture. Elle les avait enlacés rapidement. « Faites attention à vous, mes enfants. ». Elle leur avait simplement demandé d'envoyer des nouvelles dès qu'ils seraient arrivés. « Que je sache que vous êtes bien installés, sains et saufs. » Elle avait pudiquement essuyé ses yeux humides avant de leur sourire. C'était un sourire à la fois doux et timide. Ils avaient promis, gênés, et avaient juré qu'ils reviendraient. De nouvelles larmes avaient coulé, effaçant les tensions passées. Nul n'avait abordé le sujet du père. Indalecio était resté en retrait jusqu'à l'accolade des adieux. C'est à peine s'il avait échangé avec ses frères et sœurs depuis son coup d'éclat, même avec Antonio. À sa grande surprise, sa mère n'avait pas mal réagi lors de la nouvelle du départ de ses aînés. « Il n'y a rien à espérer ici. » Et elle n'avait pas sourcillé en apprenant qu'ils partaient rejoindre leur père. « Au moins, il y aura quelqu'un pour les accueillir et les nourrir à leur arrivée. »

Au moment de partir, tout en les embrassant, Antonio avait glissé à Indalecio et Emilia. « Quand ce sera votre tour, frangins, on sera là. » Indalecio avait alors réalisé que ses frères et sœurs allaient lui manquer.

17
Indalecio
Automne, 1948

« Maintenant elle ne souffrira plus », murmura Indalecio en voyant le cercueil disparaître sous terre.

Emilia s'accrocha un peu plus à son bras. Il la sentait pleurer doucement. À côté de lui, Balbino, dévasté par le chagrin, ses beaux yeux bleus voilés, s'adressa pour la dernière fois à sa cousine. « Merci, cousine pour toutes ces années, tu m'as donné ce que je n'aurais jamais pensé avoir, des enfants, une famille. »

Indalecio posa délicatement la main sur l'épaule de cet homme qui les avait accueillis sans rien demander en retour, les avait élevés, avait pris soin d'eux et, tel un mari aimant, avait pris soin de sa mère jusqu'à son dernier souffle. Ils restèrent encore un moment à se recueillir devant la simple croix en fer forgé, sur laquelle était gravé simplement « Juliana Tris Gallego – 16 février 1900 – 9 octobre 1948. »

La dernière année avait été difficile. La tumeur au foie finalement diagnostiquée par le docteur avait dévasté Juliana. Mais fidèle à elle-même, elle s'était battue jusqu'au bout, sans se plaindre, puisant dans sa colère pour tenir un peu plus. Il n'y a que sur la fin qu'elle avait commencé à s'adoucir. Elle échangeait longuement avec le cousin, bien que cela resta entre eux. Elle était partie par une belle matinée ensoleillée, entourée de Balbino et ses deux enfants. Une fois éteinte, son visage s'était apaisé, et il avait semblé à Indalecio qu'il ne l'avait jamais vu aussi beau. Il avait pris conscience de la place qu'occupait sa mère dans sa vie, et il avait soudain ressenti un vide encore plus profond en lui. Malgré sa rudesse, elle avait toujours été loyale et fidèle aux siens, le pilier sur lequel ses enfants avaient toujours pu se reposer.

Lorsqu'ils furent rentrés du cimetière, les trois se réunirent autour de la table de la cuisine. Balbino leur servit un verre, les mains tremblantes. Ils restèrent un long moment silencieux avant que Balbino ne se décide à prendre la parole. « Mes enfants, je vous suis reconnaissant d'être restés et je suis sûr que votre mère, qui repose en paix maintenant, serait d'accord avec moi. Mais il est temps pour vous de partir, de rejoindre vos frères et sœurs, ainsi que votre père. Pour vous il n'y a rien ici. Vous avez lu les lettres comme moi, une meilleure vie vous attend là-bas. C'est ce que je veux et c'est ce qu'elle aurait souhaité. »

Emilia s'agita un peu sur sa chaise et lança un regard interrogateur à son frère. Devant son visage fermé, elle se lança. « C'est vrai que les dernières nouvelles de Paris sont bonnes. Le père les a bien accueillis, avec l'aide du parti communiste c'est plus facile. Et il y a d'autres Espagnols. Ils ont même réussi à marier Antonio, allez savoir comment ! Donc oui, cousin, je pense comme toi, il est temps qu'on parte. Mais pourquoi ne viendrais-tu pas avec nous ?

— Ma fille, ma vie est ici, tu le sais bien. Je suis né ici et je mourrai ici, c'est ma terre. Je suis trop vieux, j'en ai trop vu pour partir maintenant. Et puis qui irait embaucher un vieux handicapé, même en France ! »

Indalecio restait silencieux. Pour lui, les choses n'étaient pas aussi claires que pour sa sœur. Il n'était pas sûr d'être prêt pour le changement. Après Chustosalto qu'ils avaient quitté parce qu'ils n'y avaient plus leur place, la vie à Lorién n'avait pas été facile, mais il s'y sentait chez lui, même si les perspectives n'étaient pas bonnes. D'un autre côté, même s'il aimait Balbino comme un père, quand Emilia partirait, il se sentirait bien seul. Si le cousin avait décidé de les accompagner, tout aurait été différent, plus simple. Balbino, devinant ses pensées, lui adressa un doux sourire. « Indalecio, mon fils, tu es un bon garçon, ton cœur est à la bonne place. Mais ta sœur a raison. Il faut que vous partiez, que vous viviez vos vies, que vous fondiez vos propres familles, que vous alliez de l'avant. Je sais que ça peut faire peur, une nouvelle langue, un nouveau monde, mais tu ne seras pas seul. Tu es travailleur et tu trouveras ta place.

— Mais cousin, et toi ?

— Non, fils… c'est en France que se trouve le futur, l'Espagne a raté sa chance et le temps que ça s'arrange, vous serez aussi vieux que moi. Je préfère savoir que mes enfants ne se contentent pas de survivre, qu'ils évoluent, qu'ils sont libres de devenir autre chose. L'époque des *braceros* est révolue pour vous. Et croyez-moi, ça fera mon bonheur, je reste là pour vous accueillir lorsque vous reviendrez. Votre maison vous sera toujours ouverte. »

Indalecio acquiesça doucement de la tête. C'était donc décidé, il allait quitter ses collines, abandonner ses paysages qu'il aimait tant contempler, laisser les chemins de terre, oublier l'odeur des bêtes, du bois de l'atelier, pour retrouver ses frères et sœurs, ce père qu'il allait devoir apprendre à connaître à défaut d'aimer, pour trouver du travail, ne plus avoir faim, rencontrer une femme, se marier et fonder une famille. Démarrer une nouvelle vie. Il posa doucement sa main sur celle de sa sœur, les dés étaient donc jetés. « Alors c'est décidé, on part en France. »

Il pensa de nouveau à ce père, se demandant comment ce dernier l'appellerait en le voyant, José ou Indalecio, et à travers les larmes, regarda Balbino qui l'appelait simplement *fils*.

Indalecio et Emilia préparèrent leur départ dans un mélange d'excitation, d'appréhension et de tristesse. Emilia prit rapidement la direction des affaires. Elle se procura une carte où elle traça leur trajet, et planifia méthodiquement le nombre de jours de marche, les arrêts et la nourriture dont ils auraient besoin. Elle récupéra une petite boussole dont, très fière, elle apprit à se servir. Les frontières espagnole et française étant toujours fermées, ils rassemblèrent leurs économies pour payer le passeur qui les ferait passer en France à travers les Pyrénées. Ils refusèrent l'argent que leur proposa Balbino. « Cousin, tu nous as déjà tellement aidés, ne t'en fait pas, on a prévu ce qu'il faut », lui dit Emilia en lui rendant avec émotion la petite enveloppe qu'il avait déposée sur la table à leur attention.

Reprenant la dernière lettre de Leonides, elle nota les numéros de téléphone et autres points de contact une fois en France. Elle rangea soigneusement leurs papiers d'identité dans deux petites sacoches. « On ne doit surtout pas les perdre, frangin, quoi qu'il arrive. » Elle organisa ce qu'ils emporteraient, limité au strict nécessaire. « On ne peut pas se surcharger. Le plus important c'est de nous protéger du froid. »

Indalecio suivait sa sœur. En réalité, il se sentait un peu effrayé par toutes les inconnues du périple. Tout ce voyage jusqu'à Paris lui paraissait insurmontable. Ses idées s'embrouillaient. Que leur arriverait-il s'ils se faisaient prendre d'un côté ou de l'autre de la frontière ? Et s'ils se faisaient attaquer en chemins ? Aurait-il vraiment une meilleure vie là-bas ? Était-il vraiment sûr de vouloir partir ? La culpabilité d'abandonner Balbino continuait de le tenailler. Qui s'occuperait de lui s'il lui arrivait quoi que ce soit ? Enfin, s'il était content de retrouver ses frères et sœurs, la perspective de revoir ce père lointain le laissait incertain. De plus en plus confus, Indalecio accueillit finalement le matin du départ avec résignation.

Balbino les serra dans ses bras et ils pleurèrent un long moment. « On reviendra cousin, je te le promets », parvint à articuler Indalecio.

« Je sais, fils, et je te l'ai dit, je serai encore de ce monde lorsque le Caudillo lui-même ne sera plus, et que tout le monde sera enfin libre d'aller et venir dans ce pays.

— Mais en attendant, tu vas rester seul, et s'il t'arrive quelque chose… on ne sera pas là.

— Ne t'en fais pas pour moi, je ne suis pas seul. La dictature n'a pas perverti toutes les âmes de ce village, et il y a encore des gens bien ici. »

Balbino les poussa gentiment dehors. « Il est temps de partir, mes enfants. »

Indalecio et Emilia l'enlacèrent une dernière fois puis se mirent en route, sans plus se retourner.

Ils marchaient dans le silence, dans le froid automnal, chacun muré dans ses pensées. Tous deux portaient une petite valise et un balluchon, et Emilia tenait la carte, donnant la direction. Ils empruntaient des petits chemins, aussi ne croisaient-ils quasiment personne. Cela faisait déjà des heures qu'ils avaient quitté Lorién lorsqu'ils décidèrent de faire une vraie halte après être tombés sur un vieil abri en pierres. Indalecio sortit un morceau de pain et coupa un peu de fromage. Ils mangèrent tranquillement puis se laissèrent aller à fermer les yeux quelques instants. « Emilia…

— Oui frangin ?

— Tu sais ce qui nous attend si on se fait prendre en France ? Tu crois qu'on va y arriver ?

— Bien sûr que oui ! Pour le reste, je n'y pense pas, on va y arriver, c'est tout.

— Comment peux-tu en être si sûre ? »

Emilia sourit malicieusement et lui fit un clin d'œil. « Parce que si nos idiots d'aînés ont réussi, je ne vois pas comment nous, on n'y arriverait pas ! »

Indalecio lui rendit son sourire, revigoré par la détermination de sa sœur. Il lui serra la main affectueusement. « Allez, on se remet en route, frangine. »

Ils continuèrent à avancer à bonne allure, ne s'autorisant que peu d'arrêts. Lorsque la nuit commença à tomber, ils décidèrent de s'arrêter après avoir repéré une vieille grange abandonnée. L'endroit n'avait rien de confortable, mais il les protégerait un peu du froid pour la nuit. Une fois leur petit feu allumé, ils se félicitèrent d'avoir passé leur première journée.

« Tu vois frangin, on a survécu à aujourd'hui, y'a pas de raison qu'on n'arrive pas au bout », déclara Emilia, en se collant à son frère.

Fatigués par la longue journée, ils s'endormirent, serrés l'un contre l'autre.

Ils marchèrent ainsi plusieurs jours, les chemins se faisant de plus en plus raides au fur et à mesure qu'ils abordaient les contreforts des Pyrénées. Il leur arriva de croiser de bonnes âmes pour les faire monter sur leurs charrettes et les soulager sur quelques kilomètres. Mais la plupart du temps, un peu méfiants, ils préféraient rester hors champ. Bien qu'affamés par la longue marche, ils s'interdisaient de manger plus que leur ration quotidienne. Leurs pieds les faisaient souffrir aussi. Leurs seules chaussures, déjà usées et n'ayant quasiment plus de semelles, n'étaient pas faites pour ce type de périple. Chaque jour, la plus grande difficulté et source d'inquiétude restait de trouver un abri sûr pour la nuit. Plus d'une fois, ils furent contraints de s'abriter dans un enfoncement rocheux, ou simplement sous des arbres touffus. Ces nuits-là, le froid glaçant et la menace des bêtes sauvages les empêchait de dormir. Il leur arriva même de lever le camp en catastrophe en sentant la présence proche d'animaux. Plus ils montaient en altitude, plus le froid devenait pénétrant, s'infiltrant sous leurs couches de vêtements. Leurs couvertures ne les quittaient plus, même pendant la journée. Les premières neiges de la saison commencèrent rapidement à former un tapis de plus en plus épais. Le froid les accompagnait en permanence et ils ne sentaient plus leurs extrémités. Emilia, inébranlable, répétait sans cesse. « On y est presque frangin, on y presque, faut pas qu'on ralentisse. »

Mais Indalecio ne doutait plus, il n'avait désormais qu'un seul objectif en tête, franchir chaque étape qui les mènerait à Paris, pas à pas, jour après jour, nuit après nuit. Plus rien d'autre ne comptait. Lui aussi maintenant regardait la carte pour s'assurer de la bonne direction, et il avait demandé à sa sœur de lui expliquer le fonctionnement de la boussole. Lors de leurs arrêts, il vérifiait aussi les différents points de relais une fois passée la frontière et des adresses une fois à Paris. Emilia sortait alors ses petites notes et, ensemble, ils les passaient en revue. Ils mémorisaient tout et se répétaient les informations tout en marchant. Une nuit, un garde-chasse avait repéré leur petit feu et les avait surpris. Pris de panique, ils avaient perdu dans leur fuite quelques rations et une couverture. Depuis cet incident, ils ne voulaient pas dépendre exclusivement des notes. Ils avaient aussi envisagé la possibilité de se retrouver seuls, chacun de son côté. Si un malheur devait leur arriver, ils devaient pouvoir continuer l'un sans l'autre.

Il était encore tôt dans l'après-midi lorsqu'ils atteignirent enfin le *Pas de la Cabra*, où les attendait le passeur, qui se présenta sous le prénom de Xávi. Passées les présentations sommaires, ce dernier les fit entrer dans l'unique pièce du refuge, où la chaleur de l'âtre leur redonna rapidement des couleurs. Après avoir vérifié qu'ils avaient bien de quoi payer et encaissé leur passage, Xávi partagea son *aguardiente.* La première gorgée leur tordit immédiatement les boyaux, mais, ne voulant pas paraître impolis, ils se forcèrent à terminer leur verre d'un air reconnaissant. Indalecio le détailla du coin de l'œil pendant qu'il s'affairait dans la pièce. L'homme paraissait ne pas tenir en place. Son corps était sec et nerveux, et son visage buriné. Son œil vif intercepta le regard d'Indalecio qui, gêné, le détourna aussitôt. « Restez ici, faites sécher vos affaires, servez-vous un peu de soupe et reposez-vous le temps que les autres arrivent. Cette nuit, vous pourrez dormir dans l'abri pour les bêtes », leur dit-il sur le pas de la porte, prêt à sortir. Le frère et la sœur étendirent leurs vêtements mouillés près du feu, puis se servirent un bol de soupe chaude. Indalecio passa un bras autour des épaules d'Emilia. « Ça y est, demain on sera en France ! »

Elle caressa affectueusement la barbe hirsute de son frère. « Oui… mais on a encore des étapes à franchir. Ce n'est pas fini.

— Tu as raison… mais on fera face, quoi qu'il arrive.

— Oui, frangin, oui. »

Réchauffés par le foyer, la fatigue les gagna et ils s'assoupirent, toujours assis. Le grincement de la porte les réveilla brusquement. C'était Xávi, accompagné de deux nouveaux arrivants. Il fit rapidement les présentations. « Pedro et Santí… Emilia et Indalecio. »

Ils se saluèrent et il y eut un petit silence d'observation. Ils étaient dans les mêmes âges. Détrempés, sales et épuisés, ils faisaient peine à voir. Les Gallego leur sourirent avec bienveillance, ils étaient dans le même état qu'eux. Lorsque Xávi servit de son *aguardiente* aux deux nouveaux, Indalecio lança un regard malicieux à Emilia qui le pinça d'un air faussement sévère avant d'aller ranger leurs affaires pour faire de la place. Leur hôte, après avoir annoncé qu'il attendait encore des personnes, ressortit.

« Pas très bavard le Xávi… Mais où est-ce qu'on va dormir cette nuit ? On tiendra pas tous sur deux chaises ! Ni même dans cette pièce si d'autres arrivent ! Ou alors, va falloir nous entasser les uns sur les autres ! » commenta dans un sourire Pedro, en s'installant à même le sol.

Son humour simple détendit immédiatement l'atmosphère. Ils firent connaissance. Pedro et Santí étaient amis d'enfance et venaient de Huesca. Eux aussi allaient à Paris, rejoindre un oncle de Santí. Ils étaient tous deux de nature bavarde et joviale, ce qui tranchait avec celle, plus réservée, des Gallego.

Xávi fut bientôt de retour, cette fois-ci accompagné d'une femme qui paraissait bien frêle et de son fils qui devait avoir dans les huit ans. Épuisé, il pleurait. Xávi présenta Mercedes et Hector, ils venaient de Saragosse. Tout le monde se serra pour faire de la place aux nouveaux arrivés. Cette fois, du vin fut proposé, à la place de l'*aguardiente*. Chacun sortit alors une petite part de ses maigres provisions et tout fut naturellement mis en commun sur l'unique et bancale petite table de la pièce. Xávi proposa du tabac et bientôt la petite pièce fut remplie d'un nuage de fumée. Pedro et Santí mirent rapidement tout le monde à l'aise par leur conversation légère. Pedro amusa l'enfant par des devinettes pendant que Santí, habilement, questionnait leur hôte. Mais celui-ci, avare de paroles, se contenta de déclarer laconiquement :

« Je préfère la compagnie de mes chèvres à celle des hommes, y'a rien d'autre à dire, suis bien là où j'suis. Je ne quitterais pas mes montagnes pour tout l'or du monde. Ici personne ne m'fait suer, pas même le Franco ! Ils m'ont pris ma famille, lui et ses sbires, mes deux garçons sont restés dans la boue de Teruel et ma femme est morte de chagrin ! Qu'on vienne donc me trouver ici ! »

Indalecio éprouva un pincement au cœur et, d'un coup, les images de Lorién, de sa mère et de Balbino l'assaillirent. Il se servit une rasade de ce tord-boyaux d'*aguardiente* pour chasser ses pensées et demanda. « Pourquoi prendre le risque d'aider les gens à passer la frontière ? Si tu te faisais dénoncer ? »

Xávi prit le temps de tirer sur sa cigarette avant de répondre, le regard quelque peu dans le vide. « Et alors ? Que peuvent-ils me faire de plus ? »

Tout le monde se tut. Voyant l'enfant s'endormir sur les genoux de sa mère, Xávi se leva pour le prendre et le coucher dans son propre lit. « Pauv'gosse », dit-il en retournant s'asseoir.

Une larme coula sur le visage de Mercedes. « Merci Xávi. »

Il hocha la tête. « Pas d'quoi », répondit-il, la voix légèrement enrouée.

Elle but une gorgée de vin et leur dit qu'elle était veuve. « Avec Mario, on s'est mariés quand la guerre a éclaté. On se connaissait depuis qu'on était gamins, nous deux, c'était une évidence… Mais à peine marié qu'il partait déjà au front. C'est à peine si on s'est vus durant trois ans. Lorsque cette fichue guerre s'est terminée, ma famille a préféré quitter le pays comme beaucoup d'autres, ils sont allés en France. Mais moi, je voulais l'attendre… Je savais qu'il reviendrait… et il est revenu… pour repartir aussi sec ! Il ne voulait pas lâcher les armes, il a rejoint ses compagnons dans le maquis… Rien n'aurait pu l'empêcher de repartir, vous savez… c'était un homme doux, mais il avait ses idées et voulait les défendre jusqu'au bout. Il est mort sans savoir que je portais son enfant… je n'ai même pas pu aller me recueillir sur sa tombe ni même lui présenter son fils… il est quelque part dans le maquis… Dieu seul sait où. J'aime à croire qu'il repose en paix, dans un petit bosquet recouvert de fleurs au printemps. » Elle se tut et le silence envahit de nouveau la pièce.

Xávi prit alors les choses en main et commença à organiser le coucher. Mercedes et son fils dormiraient dans son lit et lui par terre.

« Vous les jeunes, vous rejoindrez mes chèvres, elles vous tiendront chaud. »

Indalecio, Emilia, Santí et Pedro prirent leurs affaires et se rapatrièrent dans la petite grange qui se trouvait à l'arrière du refuge. Malgré la fatigue, ils n'arrivaient pas à dormir et veillèrent encore un bon moment. Pedro et Santí se projetèrent dans leur future vie à Paris et s'amusèrent à inventer des situations où ils devaient prononcer les quelques mots de français qu'ils connaissaient. Emilia se prit au jeu de bonne grâce. Indalecio se contentait d'écouter, souriant gentiment. Ils finirent par s'endormir, serrés les uns contre les autres.

Il faisait toujours nuit noire lorsque Xávi les tira du sommeil. L'esprit encore embrumé, ils rassemblèrent rapidement leurs affaires et rejoignirent la camionnette dans laquelle Mercedes et Hector étaient déjà installés. Ils grimpèrent à l'arrière et le vrombissement brutal du moteur les fit tous sursauter. Ils se regardèrent, inquiets.

« Vous en faites pas, y'a pas un de ces rats à dix mille à la ronde ! » les rassura Xávi.

Ils roulèrent un bon moment sur des chemins cabossés et enneigés, et ils durent plus d'une fois descendre pour aider l'engin à franchir des obstacles. Ils furent presque soulagés lorsque Xávi, après avoir coupé le moteur, leur annonça qu'ils avaient atteint leur première étape. À partir de là, ils continueraient à pied. Ils descendirent prestement de la camionnette et regardèrent autour d'eux. En dehors des ombres, la nuit ne leur permettait pas de distinguer grand-chose. Le passeur sortit une lampe torche qu'il alluma et, cigarette au bec :

« Restez bien derrière moi. J'vous préviens, ça va grimper sec et y'a de la neige, ça va glisser. »

Ils se mirent en route, avançant deux par deux derrière le passeur. Comme Xávi avait prévenu, le chemin, déjà rendu difficile par la neige, ne tarda pas à devenir raide. N'ayant que peu de visibilité, ils trébuchaient souvent, glissaient, se rattrapant comme ils pouvaient. Ils devaient régulièrement s'arrêter pour attendre Mercedes et son fils. Bientôt, la montée devint si escarpée qu'ils se retrouvèrent à grimper à quatre pattes, ne sachant plus que faire de leurs bagages. Les balluchons furent attachés autour de la taille et les valises tirées par des cordes de fortune. Par mesure de sécurité, Xávi s'encorda à Hector. S'arrêtant pour réchauffer ses doigts un court instant, Indalecio se retourna vers sa sœur pour s'assurer qu'elle suivait toujours. Elle s'était fait distancer et il ne pouvait que distinguer sa forme en mouvement.

« Allez, Emilia, on y est presque ! »

Il l'entendit répondre dans un souffle. « Oui... frangin... on y est... presque... »

Malgré tout, la montée n'en finissait pas et le jour commençait à pointer, ce qui soulagea un peu tout le monde. Ils pouvaient enfin voir où ils mettaient leurs pieds et mains.

Lorsqu'ils atteignirent une sorte de petit plateau, Xávi leur annonça d'un ton triomphant qu'ils étaient arrivés à destination. « Nous y sommes, le col du "Monte Perdido", la frontière ! »

Reprenant son souffle, Indalecio regarda autour de lui. Il se figea devant la beauté des cimes enneigées, se détachant sur le ciel bleu, retenant sa respiration pour écouter le bruit du vent. Une paix profonde l'envahit soudainement et les larmes lui montèrent aux yeux.

« Ça y est ? On y est ? C'est la frontière ? Hourra ! » s'exclama Pedro.

Il entraîna alors Emilia dans une petite danse improvisée. Elle se laissa faire, riant de bon cœur et Santí se joignit bientôt à eux. Mercedes et Hector applaudirent avant de se mettre eux aussi à danser. Indalecio rallia à son tour l'ambiance générale. Xávi les regardait avec un sourire de satisfaction. Il les laissa encore profiter un peu avant de les rassembler autour de lui. « J'vous ai amenés jusqu'à la frontière, sains et saufs, ma mission est terminée et nos chemins se séparent ici. Alors, écoutez-moi bien... »

Il leur indiqua la route à suivre, prenant soin de répéter et de s'assurer qu'ils avaient bien compris et mémorisé ses explications. « Ne traînez pas. Mes contacts, Joan et Urgel, vous attendent au relais que je vous ai indiqué, de l'autre côté. Vous ne devriez croiser personne à part eux, mais au cas où… évitez de trop parler et… que Dieu vous protège ! »

Enivrés d'avoir passé la frontière et encouragés par la descente, ils reprirent la route à vive allure. Mais le chemin n'en était pas moins difficile avec ses pentes abruptes et, Hector montrant des signes de fatigue, ils durent rapidement ralentir le rythme.

« Avancez, ne vous préoccupez pas de nous, on vous suit », insistait Mercedes.

Mais le groupe resta ferme. « On est partis ensemble, on arrivera ensemble. Personne ne reste en arrière. »

Lorsque l'enfant, épuisé, fit une culbute en avant et s'étala de tout son long, ils décidèrent de faire une petite halte.

« À votre avis, c'est encore loin ? » demanda Santí en jetant un regard inquiet au gamin blotti dans les bras de sa mère.

« Non, je ne pense pas », répondit Emilia. « On a passé le Cirque d'Estoubé… Xávi nous a dit qu'après ce passage on n'était plus très loin. » Se voulant rassurante, elle ajouta. « Il a dit aussi que le chemin devenait plus facile à partir de là. Allez, on y est presque, ce soir ce ne sera plus qu'un mauvais souvenir ! »

Ils se remirent en marche après avoir décidé que les hommes se relaieraient pour porter Hector sur leur dos, le temps qu'il reprenne quelques forces.

Comme Emilia l'avait annoncé, le chemin commença à s'adoucir au fur et à mesure qu'ils progressaient, et ils atteignirent le relais, un petit abri de montagne, avant la nuit tombée. Deux hommes les attendaient dans leur camion. Après s'être présentés rapidement, ils montèrent à l'arrière du véhicule.

« On en a pour quelques heures de route jusqu'à la mission espagnole de Perpignan. On espère qu'il n'y aura pas de contrôle. Si c'est le cas, on dira que vous êtes des réfugiés politiques. »

Le jour était tombé rapidement. Entourés par l'obscurité, ils ne virent rien de la route si ce n'est les lumières des rares villages traversés.

Ils atteignirent la mission relais des réfugiés républicains de Perpignan tard dans la nuit. Sans poser de questions, le petit groupe se laissa prendre en charge par les bénévoles, tous d'anciens réfugiés de 39. Épuisés, ils mangèrent en silence leur premier repas chaud depuis des semaines. On leur donna des vêtements propres pour la nuit et pour la première fois depuis longtemps, ils purent se laver. Ils n'avaient plus d'énergie et c'est sans demander son reste que chacun rejoignit son lit dans un petit dortoir où d'autres personnes se dormaient déjà.

Le lendemain, Indalecio et Emilia entreprirent d'organiser la suite de leur voyage. Ils confièrent leurs dernières économies à la mission afin d'obtenir des francs et payer leurs billets de train jusqu'à Paris. Ils partiraient le jour suivant, au matin. On leur expliqua les différents changements de train à opérer et Emilia nota consciencieusement toutes les informations et autres instructions.

« Surtout, si vous êtes contrôlés, dites bien que vous êtes des réfugiés politiques ! »

Ils appelèrent ensuite le numéro de contact que leur avait transmis Leonides et laissèrent un message pour leur sœur : selon les tableaux horaires, ils arrivaient le lendemain soir, à 19 h, gare d'Austerlitz. Ni l'un ni l'autre n'osa s'aventurer dehors et ils passèrent le reste de la journée entre les adieux à Mercedes et Hector qui partaient à Montpellier et l'apprentissage de leurs premiers rudiments de français. Ne réussissant pas à retenir quoi que ce soit de cette langue, Indalecio se découragea rapidement. Emilia, pleine d'allant, le rassura. « T'inquiète pas frangin, ça va venir, c'est la fatigue. Tu verras quand on sera à Paris, ça va vite rentrer, t'auras pas le choix. »

Pedro et Santí les retrouvèrent en brandissant fièrement leurs tickets de train. « Ça y est, on a nos billets nous aussi ! Vous allez devoir encore nous supporter jusqu'à Paris ! »

Les Gallego sourirent, contents de continuer le voyage avec ces deux personnes si drôles et légers. Ils les considéraient déjà comme des amis.

Le trajet jusqu'à Paris se déroula sans encombre, Emilia s'assurant qu'ils descendaient bien aux bonnes gares et prenaient les bonnes correspondances. Le visage la plupart du temps collé aux vitres, Indalecio était comme hypnotisé par le défilement des paysages, n'écoutant que d'une oreille distraite ses compagnons de voyage. Ses pensées allaient et venaient, entre passé, présent et futur. Il fermait les yeux de temps en temps, bercé par le roulement du train.

Ils arrivèrent sans encombre ni retard à Paris, gare d'Austerlitz où Leonides, Felix et Antonio, les attendaient sur le quai. Ils tombèrent dans les bras les uns des autres et restèrent ainsi un long moment. Ils s'embrassaient, pleuraient et riaient en même temps, se disaient qu'ils avaient changé, que ça y est, les Gallego étaient enfin réunis ! de nouveau ensemble, ils étaient à l'abri ! Ils n'avaient jamais été démonstratifs, mais, jusqu'au départ des aînés pour la France, ils n'avaient jamais été séparés non plus. Ils se sentaient comme les gamins qu'ils avaient été, ceux-là même qui, longtemps auparavant, abandonnés à eux-mêmes après que leur père se soit enfui et leur mère jetée en prison, s'étaient retrouvés dans un même lit à se consoler les uns les autres. Se ressaisissant un peu, Indalecio et Emilia cherchèrent du regard Pedro et Santí qui, eux aussi, avaient été accueillis par leur famille. Il était temps de se séparer. Ils se dirent au revoir avec émotion, après s'être promis de se revoir.

Les Gallego quittèrent la gare pour prendre un bus. Indalecio écarquillait les yeux. Tout paraissait démesurément grand. Il n'avait jamais vu autant de bâtiments, de véhicules, de magasins, et surtout de monde. C'en était étourdissant. Antonio lui dit en souriant :

« Ça nous a fait pareil quand on est arrivés. On bien loin de notre village et de notre campagne ! Mais tu verras, on s'habitue vite. »

Indalecio remarqua que certaines personnes s'étaient retournées d'un air peu aimable en entendant son frère parler en espagnol. Il entendit des commentaires en français qu'il ne comprit pas, mais le ton et les expressions ne trompaient guère, cela n'avait rien d'une bienvenue. Antonio lui fit un clin d'œil :

« Ça aussi tu t'y habitueras. »

Le trajet en bus dura un certain temps et les emmena jusqu'à la périphérie de Paris. En chemin, les aînés leur montrèrent du doigt les quelques monuments qu'ils avaient appris à reconnaître et ils pointèrent avec enthousiasme la tour Eiffel. Une fois descendus à leur arrêt, ils marchèrent encore un peu jusqu'à un ensemble de baraquements relativement rudimentaires, faits de tôle et de bois. Ils allèrent chez Leonides.

« On vit tous ici en attendant de pouvoir s'offrir mieux. C'est pas si mal, c'est un peu comme un village… y'a beaucoup d'Espagnols, on se sent moins seuls, le pays n'est pas loin… le problème c'est quand il pleut, ça devient vite un bourbier… et les rats, c'est vrai qu'il y en a beaucoup », expliqua Leonides en les faisant pénétrer chez elle.

Ernesto, son mari, et leurs trois enfants étaient là et les accueillirent chaleureusement. Bientôt Marta, l'épouse de Felix, et leurs deux enfants les rejoignirent, accompagnés par Henrieta, la femme d'Antonio. Indalecio scruta discrètement cette dernière. Il n'en revenait toujours pas que son frère se soit marié avec une femme. La France lui avait-elle retourné le cerveau ? D'un côté il s'en réjouissait, mais de l'autre, il avait bien du mal à y croire.

La petite pièce avait bien du mal à contenir tout le monde, et les enfants furent envoyés jouer dehors. Leonides sortit du vin et mit de quoi manger sur la table. Les frères et sœurs avaient beaucoup de choses à se raconter, et s'interrompaient en permanence. Chacun y allait de sa petite histoire et de son ressenti : le long chemin jusqu'en France, le passage de la frontière, la difficulté du voyage, les premiers jours à Paris, les conseils pour survivre dans ce pays, les difficultés à apprendre la langue… Les aînés demandèrent des nouvelles de Balbino, mais personne ne fit de commentaire sur leur mère. Tout en participant joyeusement aux conversations, Indalecio observait ses frères et sœurs et se disait qu'il était heureux de les retrouver, tous. Il trouvait que Leonides faisait plus vieille que son âge. Elle avait forci et sa présence occupait toujours autant l'espace, ce qui le fit sourire. Felix prenait soin de sa personne, il le voyait à son allure et à sa posture, et il était dans la surenchère sur tout. C'était Felix… s'il y en avait bien un qui s'en sortirait toujours dans la vie, c'était bien lui. Il l'enviait bien là-dessus. Quant à Antonio, son regard était moins rieur qu'avant, il semblait plus éteint. Il intervenait peu et se resservait beaucoup en vin. Il remarquait aussi une certaine distance, une froideur avec sa femme. Il s'en inquiéta un peu. Il réalisa à quel point tous lui avaient manqué, quels que soient leurs différends par le passé. Lorsque l'oncle Lorenzo débarqua, Indalecio et Emilia se sentirent intimidés, le reconnaissant à peine après tant d'années. Bien sûr, ils savaient qu'il avait suivi leur père, mais ils n'avaient jamais vraiment pensé à lui. Il les mit rapidement à l'aise tant il était heureux de « retrouver sa famille au complet ». Ils apprirent qu'il n'avait jamais eu d'enfant.

Ils trinquaient joyeusement lorsque Genaro fit son apparition. Le pouls d'Indalecio s'accéléra aussitôt en le voyant. Il n'avait pas vraiment changé en dehors de ses cheveux blancs qui s'étaient dégarnis sur le haut du crâne et de la couperose bien marquée sur ses joues. Il portait la moustache. Le patriarche prit le temps de jauger ces deux derniers avant de leur donner une accolade rapide. Il attrapa le verre que lui tendait déjà Leonides et le leva bien haut. « Aux Gallego enfin réunis ! Au combat qui continue ! On finira bien par rentrer chez nous ! La tête haute ! En Espagne, la vraie, pas cette caricature moyenâgeuse que propose ce nain de Franco ! » Il but d'une traite et, reposant son verre bruyamment, continua. « Vous en avez bavé pour venir jusqu'ici, hein ? Alors, imaginez ce que j'ai dû endurer lorsque j'ai dû fuir Chustosalto ! À me cacher dans les montagnes, sans rien à manger… la peur au ventre qu'ils me trouvent ! J'y suis resté des jours, j'pensais bien qu'ils allaient finir par m'attraper… ou que j'allais servir de repas aux bêtes sauvages ou aux charognards après être crevé de faim ! Mais non, j'ai survécu… les Gallego ont la peau dure… et je les ai traversés ces foutues Pyrénées ! Et une fois en France, il a bien fallu que je me débrouille ! Ah la grande France ! La grande amie de notre République ! Tu parles, elle nous a bien laissé tomber ! Par contre, pour nous envoyer au front contre les Allemands… ça oui… là aussi vous croyez que je m'en suis sorti comment ? Ça oui que j'l'ai la peau dure ! »

Il s'arrêta pour reprendre son souffle ainsi que le fil de ses idées. Il se resservit du vin. Antonio, dont le sourire s'était effacé, en profita aussitôt pour lever son verre. « C'est comme tu disais, aux Gallego réunis, à la famille ! Aux Gallego qui ont en ont tous bavé pour arriver jusqu'ici ! À ceux qui ne sont pas là et qui en ont aussi bavé… et enfin à ceux qui sont restés là-bas et qui continuent à en baver ! Profitons de ces retrouvailles ! »

Genaro le fusilla du regard, mais se contenta de boire sans rien dire. Quand il eut terminé, il annonça qu'il devait partir pour une réunion de la CNT espagnole. « Après l'Espagne, la France veut aussi nous empêcher d'exister, mais on n'va pas se laisser faire ! »

Il partit dans un claquement de porte. Antonio, commenta amèrement. « Toujours dans le même délire du combattant héroïque… toujours pareil… mais y'a toujours des sujets qu'on ne peut pas aborder et toujours des personnes dont on ne peut pas parler… Alors oui, il a été là à notre arrivée… et encore… vite fait. J'vous l'dis, y'a rien à en attendre de c'père là… »

Leonides l'interrompit d'une tape sur la table. « Commence pas Antonio ! »

Prenant le parti qu'il ne retournerait pas de sitôt ni en Espagne ni à Lorién, Indalecio se lança à corps perdu dans sa nouvelle vie, sans plus penser à rien d'autre. Il devait désormais assurer sa survie dans ce nouveau pays et y consacrer toute son énergie. Emilia et lui s'installèrent temporairement chez Antonio, le temps de trouver un emploi. Grâce à ses frères, il trouva rapidement du travail dans le bâtiment qui embauchait à tour de bras, souvent au noir. Antonio lui avait résumé la situation ainsi :

« Ici, pour exister et mériter ta place, va falloir que tu t'accroches. Va falloir que t'apprennes la langue, que tu travailles dur et dises amen à tout ce que demandent les patrons, que t'évites les accidents, les maladies, les embrouilles en tous genres, et bien sûr les contrôles… et là enfin… peut-être… si t'as de la chance… on te donnera le sacro-saint contrat de travail, le vrai, celui qui te permettra d'obtenir la carte de séjour et de prétendre au minimum et te faire soigner correctement et d'être couvert en cas de besoin ! »

Indalecio avait haussé les épaules. Il ne voyait pas en quoi ça le changeait de l'Espagne, mis à part l'histoire des papiers. Il se raccrochait à l'idée qu'en France, au moins, il pouvait avoir l'espoir de vie meilleure.

Il suivit donc les conseils de son frère et accepta toutes les tâches qu'on lui proposait sur les chantiers. Le travail était vraiment dur et les conditions souvent dangereuses, sans aucune sécurité. Il réalisa aussi pour la première fois de sa vie qu'il souffrait de vertige. Mais il n'avait pas d'autre choix que de faire avec et avec le temps, il finit par s'y habituer. Ses longues journées terminées, bien que fatigué, il mettait un point d'honneur à assister aux classes de français dispensées par la mission espagnole du quartier. Il prit aussi l'habitude de récupérer les vieux journaux et de s'entraîner à les lire à voix haute, tentant petit à petit d'effacer son fort accent. Parfois, quand il n'y prenait pas garde, sa vie d'avant et les images de sa mère et de Balbino l'assaillaient. Les souvenirs lui paraissaient plus doux et il sentait une profonde nostalgie l'envahir. Dans ces moments-là, le mal du pays lui nouait les tripes. Il décida alors qu'il valait mieux pour lui de mettre en place des barrières avec son passé. Il ne voulait plus ressentir cette douleur. Il se demandait parfois ce qui lui arriverait s'il se faisait contrôler et qu'on le renvoyait à la frontière. Serait-il fusillé à peine aurait-il posé un pied en Espagne ? Et pourquoi au juste ? Pour être parti à la recherche d'une vie meilleure ? Ou peut-être, comme il aimait y penser secrètement, qu'on le renverrait juste chez lui, là-bas à Lorién, chez le cousin ? Il y avait pire comme châtiment. Il pouvait s'imaginer les retrouvailles… Mais ces réflexions lui passaient vite, face au tourbillon quotidien. S'il voulait avoir une chance de s'en sortir, il devait se montrer fort. Ses frustrations, ses doutes et ses peurs n'avaient pas leur place dans sa vie, de même qu'il devait ravaler sa colère face aux humiliations. Il y aurait forcément des jours meilleurs, même si au fond, il n'en était pas bien certain.

Après être resté quelque temps chez Antonio, Indalecio s'installa dans un foyer de travailleurs espagnols. Emilia était déjà partie, ayant trouvé une place de bonne dans les beaux quartiers de la capitale où elle était logée sur place. « Tu peux rester autant que tu veux, frangin », lui avait assuré Antonio. Mais Indalecio ne se sentait pas à l'aise chez son frère. Il buvait beaucoup et se disputait souvent avec sa femme. Il lui arrivait aussi de disparaître des jours entiers, laissant Indalecio seul face au désarroi de sa belle-sœur. Antonio n'était clairement pas heureux dans ce mariage de façade et cela finirait mal, il en était convaincu.

Passée la joie des retrouvailles, les divergences et les dissensions s'étaient rapidement manifestées au sein de la fratrie. S'ils continuaient à se rassembler régulièrement, leur complicité, qui avait perduré lorsqu'ils étaient en Espagne malgré leurs différences de caractère, s'était étiolée pour ne laisser place qu'à la défiance, les intérêts individuels et autres jalousies. Comment en étaient-ils arrivés là ? se demandait Indalecio. Était-ce la France qui les avait changés ? Ou cette nouvelle vie avait-elle juste révélé qu'en dehors de la difficulté qui les avaient unis, ils avaient bien peu en commun ? Face à la détérioration des relations familiales, Emilia s'était beaucoup éloignée et elle lui manquait. Elle fréquentait officiellement Pedro, l'un de leurs compagnons de voyage, et ils planifiaient de se marier. Elle évitait désormais autant que possible les réunions familiales où les querelles étaient devenues systématiques. Indalecio repensait à Balbino. Lui aurait su les rassembler pour les rappeler à l'ordre intelligemment et apaiser les tensions. Bien qu'il lui manquât, il n'écrivait jamais au cousin. Il était incapable de coucher sur papier quoi que ce soit. Emilia envoyait et recevait des nouvelles qu'elle lui rapportait. Tant qu'elle lui disait qu'il allait bien malgré les vicissitudes du quotidien franquiste, cela lui convenait bien ainsi. « Tu devrais lui écrire, lui reprochait-elle gentiment, ça lui ferait plaisir, tu sais. »

Mais il esquivait toujours :

« Tu le fais déjà très bien… j'ai pas grand-chose à raconter de toute façon. » La vérité était qu'il se sentait coupable.

Indalecio n'avait que peu de relation avec son père. Il avait vite compris que ce dernier exacerbait plus les tensions familiales qu'il ne les apaisait. Chacun des enfants Gallego entretenait une relation ambiguë avec ce père insaisissable, entre admiration, crainte, déception, colère et intérêt. En ce qui le concernait, Indalecio préférait l'éviter. Son père était probablement déçu de son manque d'engagement dans la cause républicaine, mais il avait d'autres chats à fouetter, à commencer par s'intégrer. Et à tout bien y réfléchir, il avait bien plus confiance dans les communistes pour lutter contre le fascisme que dans ces exilés de républicains incapables de se mettre d'accord sur quoi que ce soit. Depuis leurs retrouvailles, il ne pensait pas l'avoir entendu une seule fois prononcer son prénom et surtout, il n'avait jamais posé la moindre question sur leur mère. D'ailleurs, personne ne parlait jamais d'elle, comme si elle avait été effacée de leur mémoire. Lui-même, à sa grande honte, commençait à l'oublier.

18
Clara
Hiver, 1999

Le jour tant attendu, celui qu'elle avait tant planifié, était enfin arrivé. Clara partait vivre en Angleterre. Après son Master en commerce international, elle était retournée vivre chez ses parents et elle s'était trouvé un contrat de quelques mois afin de mettre davantage d'argent de côté. Elle avait négocié avec sa mère de ne pas lui payer de loyer durant cette courte période. « Je ne vous ai jamais rien demandé, je ne vous ai jamais causé de soucis et je me suis toujours débrouillée avec ma bourse et mes petits boulots. Je ne vais pas m'éterniser chez vous comme certains, c'est juste une affaire de trois mois. Et quand je serai partie, je ne reviendrai pas, il n'y aura pas d'allers-retours comme d'autres l'ont fait. Je ne serai plus une gêne. Vous pouvez au moins faire ça pour moi. »

Elle avait été surprise par sa propre rudesse, mais elle avait pensé chacun de ses mots. Et elle s'y tiendrait, il n'y aurait pas de retour en arrière. Sa mère avait accepté, sans rechigner. « C'est d'accord. Mais tu n'es pas la première à dire que tu ne reviendras pas. Les autres sont tous revenus, ne te crois pas l'exception. »

Clara n'avait pas répondu. Elle avait obtenu ce qu'elle voulait, sans trop avoir eu à se battre pour une fois, c'était bien là l'essentiel. Elle avait donc continué à mettre sa vie entre parenthèses pendant 3 mois, avec toujours son seul et unique objectif : partir, s'échapper et vivre, enfin. Cela n'avait pas été facile de maintenir le cap, sa famille agissant comme un aimant, à la fois attirante, réconfortante quelque part puisqu'elle ne connaissait que ça, mais insidieusement toxique, sans qu'elle puisse en expliquer les tenants et les aboutissants. Elle le savait, l'inconnu était sa planche de salut. Elle ne savait pas ce qui l'attendait, mais ça valait toujours mieux que de continuer à vivre ainsi, dans les disputes familiales, les rancunes dont on ne se souvenait même plus des raisons, les jalousies, les non-dits, et cette sensation d'être fondue dans la masse, de ne pas être à sa place, de n'être personne et de se laisser bouffer par la crainte de l'extérieur. Elle n'était pas la plus intelligente de la famille, elle était « une laborieuse » comme disait sa mère, toujours avec une pointe de mépris. Elle n'avait pas non plus une personnalité bien marquée, « aucune force de caractère » comme, la narguait sa sœur Marianna. Elle n'était pas très jolie, vu les moqueries de son frère Sergio sur son physique. D'accord, oui, peut-être… mais à partir de maintenant, elle comptait bien mener sa vie, l'explorer et la remplir sans qu'on vienne la juger ou la comparer à qui que ce soit. Sans avoir à rendre de compte à personne. Des années de travail acharné, à faire le dos rond, pour enfin atteindre ce but : être libre, tout simplement.

Sa mère était persuadée que sa fille, aux étranges lubies de voyage, reviendrait vite au bercail. Aucun de ses enfants ne s'était jamais vraiment éloigné. Quant à son père, il n'avait que peu réagi à l'annonce de son départ. « Mais qu'est-ce que tu vas faire chez les rosbifs ?

— Travailler, pratiquer l'anglais. »

Il avait fait la grimace et était parti fumer devant la télévision, son unique centre d'intérêt depuis qu'il était à la retraite.

Clara n'avait pas relevé, elle ne s'attendait pas à ce qu'il comprenne quoi que ce soit et n'avait cure de ce qu'il pouvait bien penser. Il y avait bien longtemps qu'elle n'attendait plus rien de cet homme. Si elle n'existait pas pour lui, il n'existait pas pour elle, c'était aussi simple que cela.

Elle se retrouva donc le matin du départ, avec son sac de voyage sur le dos et une valise. Elle devait prendre le train depuis Chartres pour récupérer ensuite le bus Eurolines à Porte de Bagnolet à Paris.

Une fois à Londres, elle rejoindrait la gare de Victoria Station où elle prendrait un train pour Brighton. Tout un périple pour elle, mais bien tracé. Au moment de partir, son père apparut. Il avait enfilé son blouson. « Je t'emmène en voiture », lui dit-il simplement.

Clara le regarda avec surprise. « Non, mais c'est bon, je ne suis pas hyper chargée… j'avais prévu de descendre à pied à la gare…

— Je t'emmène », la coupa-t-il en attrapant sa valise.

Elle haussa les épaules, embrassa sa mère et ses sœurs Isabelle et Marianna, et lui emboîta le pas. Le trajet en voiture fut rapide et aucun des deux ne dit un mot. Arrivés à destination, Clara s'étonna de voir son père se garer et sortir de la voiture. Elle ressentit un léger malaise. « Papa, c'est bon, tu sais, j'ai l'habitude. »

Mais il ne répondit pas, sortit ses bagages du coffre et l'accompagna à l'intérieur de la gare. Une fois-là, alors qu'elle s'engageait dans la petite queue pour acheter ses billets au guichet, il sortit son portefeuille et lui tendit un billet de 50 francs. « Tiens, c'est pas grand-chose, mais au moins pour le voyage. »

Clara fixa le billet, puis le sol, n'osant pas regarder son père. « Non Papa, c'est bon, tu sais, j'ai ce qu'il faut, j'ai économisé…

— Prends-le, je te dis. »

Elle releva alors la tête et, gênée, prit l'argent. « Merci Papa ». Il restait encore du temps après qu'elle eut récupéré ses billets, aussi allèrent-ils s'installer sur le quai. Son père alluma une gitane et fuma silencieusement, ce qui rendit Clara encore plus mal à l'aise. Pourquoi ne partait-il pas ? Pourquoi restait-il avec elle ?

« Tu appelles dès que tu es arrivée, hein ? Qu'on sache que tu vas bien », lui dit-il.

Elle répondit par un signe de tête affirmatif. Depuis quand s'inquiétait-il qu'elle aille bien ? La situation devenait pesante. Elle vit le train arriver avec soulagement et s'empressa de monter dès qu'il fut à l'arrêt. Il la suivit et, après s'être assuré qu'elle était bien installée, l'embrassa et descendit. Elle regarda par la fenêtre, s'attendant à le voir partir, mais il s'était arrêté de l'autre côté de la vitre, et attendait que le train redémarre. C'est alors qu'elle le vit pleurer. Son cœur s'accéléra et la panique l'envahit. Sans qu'elle puisse l'empêcher, ses yeux s'embuèrent. Ne sachant comment se comporter, elle colla sa main contre la vitre et tenta de lui faire un sourire, mais son reflet dans la vitre lui renvoya l'image d'une pauvre grimace. Le train commença à avancer lentement, mais son père restait sur le quai. Clara se retourna pour continuer à le regarder. Lorsqu'enfin il disparut de son champ de vision, elle s'effondra. Que venait-il de se passer ? Pourquoi avait-il pleuré ? Un flot de sentiments contradictoires la submergea. Pourquoi lui avait-il fait ça ? Il n'avait pas le droit et elle n'avait pas besoin de ça ! Non, non et non ! Elle se pinça la cuisse durement et sécha ses larmes. Elle partait et il n'y aurait pas de retour en arrière, c'était le plan. Elle passait à une nouvelle étape de sa vie, et il valait mieux oublier tout ça au plus vite. Les sentiments, c'était dangereux, ça ne pouvait que l'empêcher d'avancer.

19
Clara
Printemps, 2000

« C'est ma fille, la dernière, celle qui parle espagnol. Clara, viens t'asseoir avec nous que je te présente ! » l'interpella Indalecio d'un ton enjoué, en espagnol, au moment où Clara traversait l'unique petite place du village.

Elle s'immobilisa, hésitante.

« Elle est timide ta fille on dirait ! » commenta un des vieux.

« En tout cas, elle est bien jolie ! » fit remarquer un autre.

Elle alla s'installer avec eux, un léger sourire aux lèvres. Elle fit un tour de table rapide. Ils avaient tous dans les 70/80 ans, comme les trois quarts du village. Elle commanda une bière et trinqua avec eux. Ils fumaient tous comme des pompiers, excepté son père, qui s'était arrêté définitivement de fumer lors de son dernier AVC un an auparavant.

« Indalecio, et pourquoi c'est la seule de tes enfants qui parle espagnol ? »

Clara loucha sur son verre, se demandant bien ce que son père allait bien pouvoir répondre.

« Quand je suis arrivé en France j'ai pas eu trop le choix, fallait que j'apprenne le français… que j'obtienne mes papiers… je me suis marié avec Hélène, et… vous savez comment c'était à l'époque… je travaillais beaucoup… et très dur. Je partais tôt et je rentrais tard… alors on parlait français, c'était plus simple…

— Et comment t'as appris ma p'tite, à parler espagnol ?

— À l'école, et à l'université », répondit Clara.

« Ma dernière a fait des études ! Elle est allée à l'université ! » ajouta Indalecio, d'un ton fier.

Clara regarda son père, un peu surprise. C'était bien la première fois qu'elle l'entendait parler d'elle ainsi.

« À l'université ? Et bah dis donc, comme quoi parfois les chiens font des chats ! » s'esclaffa le vieux, avant de se tourner vers Clara avec un air malicieux. « Ton père t'a raconté comment ça se passait l'école à l'époque ? »

Indalecio, gêné, intervint. « Non… Y'a rien à raconter de toute façon. Vous savez tous comment c'était dur à l'époque ! On va pas revenir dessus, ça n'a pas d'intérêt. »

Les autres acquiescèrent de la tête et se turent un bref instant avant de reprendre. Ils questionnèrent Clara sur ce qu'elle faisait, où elle vivait et, plus important, si elle avait un fiancé, afin d'éventuellement lui présenter un petit-fils bien comme il faut. Elle répondit de bonne grâce, à la fois heureuse de parler espagnol, et gênée par son accent. Elle n'avait pas trop l'occasion de pratiquer la langue depuis qu'elle vivait en Angleterre, aussi cette petite escapade de quelques jours à Lorién lui faisait-elle du bien. C'est la tante Emilia qui avait invité ses parents et les enfants qui le souhaitaient à la rejoindre dans ce village où elle possédait une maison, un ancien couvent hérité d'un cousin éloigné, un certain Balbino dont elle n'avait jamais entendu parler.

« Indalecio, pourquoi tu viendrais pas passer ta retraite ici ? Finir ta vie au pays… Tu serais pas bien ici avec nous ? »

Clara vit le regard de son père s'allumer et un « si » spontané s'échappa de ses lèvres. « Qu'est-ce que t'attends alors ? T'as déjà vécu ici, ce sera pas une nouveauté, t'as bien vu que y'avait pas grand-chose de changé, on est restés figés dans le passé, tu risques pas de te perdre ! »

Surprise, Clara reposa son verre un peu trop brutalement et regarda son père. Il n'avait jamais parlé de Lorién ! Les questions s'enchaînèrent aussitôt dans sa tête. Quand y avait-il vécu ? Combien de temps y était-il resté… ? Et ce Balbino, alors ? Elle remarqua alors que son père avait changé d'expression. Elle comprit que, quelle que soit son envie, quel que soit son lien avec cet endroit, il ne reviendrait jamais vivre ici. Après toutes ces années en France… et il y avait sa mère. Jamais elle n'accepterait de venir s'installer ici, ne serait-ce que la moitié de l'année, et jamais il ne la laisserait. Elle éprouva soudain une sorte de pitié pour cet homme, et sa tristesse cachée. Elle s'empressa alors de changer de sujet. Les vieux enchaînèrent de bonne grâce, contents d'être le centre d'attention d'une jeune femme. En écoutant parler son père, Clara se rendit soudain compte qu'il mélangeait parfois le français et l'espagnol, comme s'il n'était plus d'ici, et pas de là-bas. Cela la rendit triste. Elle aussi ne se sentait nulle part à sa place, malgré tous ses efforts.

20
Indalecio
Été, 1952

Tout le monde fumait et, bien qu'on ait ouvert les fenêtres, un brouillard de fumée avait envahi la petite pièce. Écrasant sa Gitane dans le cendrier posé devant lui, le regard d'Indalecio passa du ventre arrondi de sa femme à son visage. Il aimait ses beaux yeux verts et son léger strabisme qui lui donnait comme un air étonné. Elle avait pour l'occasion relevé ses longs cheveux châtains en un chignon élaboré, la faisant paraître plus âgée que ses 17 ans. Il lui sourit et elle posa sa tête sur son épaule. Elle s'appelait Hélène Boyer, et depuis ce matin, après un rapide passage à la mairie, épouse Gallego. Tout était allé très vite, depuis leur rencontre à un bal du côté de la place de la République. Se sachant attirante avec ses belles rondeurs et n'ayant pas froid aux yeux, elle s'était naturellement présentée à lui. Bien que de nature réservée, il avait pu déjà constater que son teint typé, son regard noir et sa façon d'écorcher la langue française plaisaient aux femmes, et il avait joué le jeu de la séduction avec cette jolie Française. Elle lui avait dit dans un sourire qu'elle trouvait son accent charmant et il lui avait répondu qu'il la trouvait bien belle, avant de l'inviter à danser. Il n'avait aucun sens du rythme, et elle s'était beaucoup amusée à le diriger. Elle était entreprenante, elle le trouvait beau et il n'avait pas résisté longtemps à ses avances. Et puis elle était tombée enceinte, peu de temps après. Il ne s'était pas posé de questions, il l'aimait, il en était sûr, et ne se défilerait pas. Il l'avait demandée en mariage, au grand dam des deux familles.

Après le mariage à la mairie, les Gallego et les Boyer s'étaient réunis pour une collation chez Leonides qui avait récemment emménagé dans un deux-pièces du 11e arrondissement avec son mari et ses trois enfants. La pièce principale arrivait tout juste à contenir tout le monde, mais l'aînée des Gallego avait insisté pour que cela se passe chez elle. Deux clans s'étaient rapidement formés, d'un côté les Boyer, c'est-à-dire les parents et le frère cadet, silencieux, la mine réprobatrice, et de l'autre côté, les Gallego au complet, bruyants, arrogants.

Indalecio le savait, les Boyer, surtout la mère, étaient contre ce mariage avec un ouvrier espagnol à l'accent très marqué qui n'avait toujours pas ses papiers en règle. Leur fille gâchait sa vie avec cet immigré, ce métèque, cet Espingouin comme on les appelait, alors qu'elle aurait pu faire des études, y rencontrer un bon parti et peut-être faire un joli mariage. Ne pas se condamner à la dure vie de famille ouvrière qu'ils ne connaissaient que trop bien. Au lieu de cela, elle se liait avec un immigrant qui en ferait la mère d'une ribambelle de gamins, comme tous ceux de son espèce. Quel gâchis ! Seule et unique consolation pour eux, leur fille ne serait pas une « mère-fille » puisqu'elle se mariait. Hélène n'avait cure de tout cela et ses idées étaient très claires. Ce qu'elle voulait, c'était fonder sa propre famille, avec Indalecio. Et cela lui convenait bien à lui aussi, il avait confiance. Avec elle, ils s'en sortiraient toujours. La preuve, ils avaient réussi à se trouver un appartement, certes petit, mais suffisant pour y vivre à trois avec le bébé. Son épouse ferait toujours face, quoi qu'il arrive, elle prendrait soin du foyer, comme sa mère. D'ailleurs, elle la lui rappelait en bien des points. Il comptait bien continuer à travailler dur pour subvenir aux besoins de sa famille. Ni sa femme ni son enfant ne connaîtraient la faim.

Il tendit l'oreille pour écouter ce que racontaient les Gallego. Ils faisaient exprès de parler fort en espagnol, il le savait. Il se souvint de leur réaction lorsqu'il avait annoncé son mariage lors d'un repas familial auquel il avait préféré ne pas convier sa future épouse.

« Mais tu es devenu fou ! Une Française ! Elle ne parle même pas notre langue ! Et comment fera-t-elle quand on rentrera au pays ! » s'était exclamée Leonides.

« Frangin, elle est bien mignonne pour s'amuser... mais de là à la mettre enceinte et te marier ! T'aurais pu faire attention quand même ! Y'avait pas une Espagnole pour te plaire, qui aurait mieux fait l'affaire ? » avait enchaîné Felix.

Avant que le père n'ait pu prendre la parole à son tour, Indalecio était parti en claquant la porte. Antonio l'avait rattrapé. « Tu sais comment ils sont... pas très évolués... ils ne sortent pas de la communauté, enfermés qu'ils sont dans le pays des libertés, avait-il dit, se voulant ironique... t'inquiète pas, ils vont vite se calmer. »

Mais Indalecio se sentait profondément déçu et blessé. « Laisse-moi tranquille ! Pourquoi je devrais me marier avec une Espagnole ? »

— Comprends-les, pour eux, forcément un jour on va rentrer au pays, tous... alors une Française... forcément ça colle pas... elle est pas vraiment des nôtres... enfin tu comprends ?

— Non, pas vraiment, et dis-moi, quand est-ce que tu crois qu'on va rentrer ? Que je sache, aux dernières nouvelles, il est toujours en parfaite santé le *Caudillo* !

— Je ne sais pas, mais... tu n'as pas d'espoir ? Enfin, tu ne rêves pas de retourner en Espagne, de retrouver Lorién, Balbino ?

Indalecio avait hésité. « Oui... enfin... oui un jour... mais pour l'instant je suis là, et je ne veux pas me bercer d'illusions... après tout ce que ça m'a coûté de venir en France... je veux construire quelque chose, qui m'appartienne. Regarde notre famille, regarde ce qu'elle est devenue ! Toi le premier, regarde-toi, tu les supportes à peine, tu ne souris quasiment plus jamais, tu ne te moques plus de rien ! Il est passé où mon frère ? Tu mens à ta femme, tu n'es pas heureux et tu la rends malheureuse ! Et tu fais semblant de ne pas entendre quand notre père te traite de pédé alors que tu devrais lui en coller une !

— Arrête ou c'est à toi que je vais en coller une ! » avait aussitôt réagi Antonio en le plaquant violemment contre le mur.

Indalecio s'était dégagé brusquement. « Non, toi arrête ! Règle tes affaires au lieu de t'occuper des miennes ! »

Depuis, quelque chose s'était cassé entre eux et les deux ne s'étaient plus vraiment adressé la parole. Au final, seule la fidèle Emilia s'était montrée véritablement heureuse de la nouvelle. « Je suis tellement contente pour toi mon frère ! N'écoute pas les autres, vis ta vie ! »

Revenant au présent, Indalecio s'alarma en voyant son père se lever pour porter un toast. Il avait déjà beaucoup bu. Tout le monde se tourna vers lui, une lueur d'appréhension dans le regard. Il parla en français. « Fils, je te félicite pour ce mariage qui, je l'espère, te permettra enfin t'obtenir tes papiers. »

Les enfants Gallego baissèrent le nez et les Boyer se figèrent. La main d'Hélène se crispa sur celle d'Indalecio.

« Et tant que tu y es, tu pourras aussi demander la nationalité française.

— Père…

— Non Leonides, laisse-moi terminer. Car on se dit les choses dans notre famille, n'est-ce pas ? Fils, tu auras beau mettre des couches et des couches de vernis, tu es destiné à rester un *bracero.* Ce pays que tu viens d'épouser ne vaut pas mieux que l'Espagne. Comment crois-tu que les Français nous ont accueillis quand on a dû fuir notre pays en masse, pensant trouver refuge dans ce grand pays de la révolution et des Lumières ? Ils nous ont parqués comme des animaux dans des camps et ensuite, quand la guerre a éclaté avec les Allemands, ils nous ont envoyés en masse sur les lignes de démarcation. La France nous a lâchés face à Franco, mais nous on s'est quand même battus pour elle ! Et comment est-ce qu'on a été remerciés ? Avons-nous gagné en droits ? Non, rien du tout ! Juste celui de nous crever à la tâche ! Alors tu as peut-être gagné une épouse française, mais ne crois pas que tu as gagné pour autant ta place dans ce pays ! Et tu as perdu ta place parmi les tiens ! »

Un silence de plomb envahit la pièce. Le père d'Hélène fit signe à sa femme et son fils de se lever, et ils allèrent embrasser les mariés.

Avant de quitter l'appartement, Mr Boyer se tourna vers Genaro. « Monsieur Gallego, nous sommes chez votre fille et il s'agit d'un jour spécial. Ainsi par respect nous ne ferons pas offense à notre hôte ni aux mariés, mais je dirais ceci. Personne ne vous a obligé à venir, nous ne sommes pas allés vous chercher et nous n'avons pas perdu notre pays, NOUS. La France s'est libérée de la dictature. Visiblement, l'Espagne a choisi une autre voie. Si la France ne vous convient pas, si vous pensez qu'elle ne sait pas vous accueillir quand votre propre pays vous a chassé, pourquoi ne pas aller dans l'un de ces pays d'Amérique qui vous accueilleront à "bras ouverts" ? Sur ce, je vous souhaite une bonne soirée. »

Les Boyer s'en allèrent.

À la fois tremblant de colère et pétrifié après la déclaration de son beau-père, Indalecio lâcha la main de son épouse pour agripper le rebord de la table. Il prit alors la parole, en espagnol. « Genaro, ce n'est pas à toi de décider de ma place dans ce monde. Contrairement à toi, je ne me berce pas d'illusions sur un éventuel retour en Espagne, je ne m'invente pas un passé de martyr républicain. Regarde où ils en sont tes républicains, incapables de se mettre d'accord sur quoi que ce soit ! Quant à tes anarchistes, on ne règle rien à coups d'attentats ! Je me contente d'être un homme simple, travailleur et honnête, à l'image de Balbino, l'homme qui nous a accueillis et élevés comme ses enfants. L'homme qui a soutenu ta femme quand toi tu l'as lâchée. Peut-être suis-je toujours un *bracero,* peut-être que je ne serai jamais à ma place nulle part. Mais contrairement à toi, je serai toujours là pour ma femme et cet enfant à venir. Et mon prénom c'est Indalecio, tâche de t'en souvenir ! »

Prenant sa femme par la main, il se leva et ils quittèrent l'appartement à leur tour.

21
Indalecio
Printemps, 1967

À l'occasion des résultats des élections législatives, la traditionnelle invitation dominicale à déjeuner chez les Boyer s'était exceptionnellement transformée en invitation à dîner. Hélène avait un peu râlé, car elle n'aimait pas voir son organisation changer. Les aînés pouvaient s'occuper, mais les deux petits, encore bébés, avaient besoin de leur routine et elle ne voulait pas payer les conséquences du moindre décalage dans leur sommeil le lendemain. Il en allait de sa tranquillité à elle aussi ! Et puis le soir demandait plus de logistique, ils allaient rentrer tard alors qu'elle ne demandait qu'à se reposer. Surtout, elle avait bien conscience que ses cinq enfants prenaient de la place, et que cela commençait à déranger sa mère. « Ma fille, cinq c'est déjà bien, il faudrait peut-être penser à s'arrêter là… vous avez suffisamment rendu service à l'État, ça coûte de l'argent tout ça et ce n'est pas avec les allocations familiales et le salaire d'ouvrier de ton mari que vous allez vous en sortir… ce n'est pas parce qu'il est espagnol que tu dois faire comme ces pondeuses ibériques », lui avait asséné cette dernière sans ambages lors d'un tête à tête, un après-midi, deux semaines auparavant.

Hélène n'avait rien répondu, avait pris ces deux derniers sous le bras et était partie de chez sa mère en claquant bien fort la porte afin que tout l'immeuble en profite. Elle avait laissé passer plusieurs jours avant de retourner la voir, comme si de rien n'était, et le sujet n'avait plus été abordé. Hélène avait les idées très claires, elle ferait autant d'enfants que son mari et son corps le lui permettrait. Elle éprouvait un tel sentiment de bien-être et d'accomplissement lorsqu'elle était enceinte que ses mois de grossesse lui paraissaient être les meilleurs moments de sa vie. Et puis venaient la naissance et les premiers mois, les premières années où ses enfants avaient tant besoin d'elle, où elle était le centre de leur univers. Ce regard si confiant qu'ils posaient sur elle, comme si elle détenait toute la vérité, la seule et unique. Il n'y avait personne d'autre qu'elle pour eux et cela n'avait pas de prix. Alors oui, n'en déplaise une fois de plus à sa mère, elle ne s'arrêterait certainement pas à cinq. Indalecio ne s'étant jamais exprimé sur le sujet, elle en concluait qu'il partageait les mêmes envies de famille nombreuse qu'elle. Et quoi qu'en dise sa mère, ils se débrouilleraient toujours financièrement. Son mari travaillait dur, et n'avait aucun vice, en dehors de ses deux paquets de Gitanes quotidiens. Elle gérait parfaitement l'argent qu'il rapportait, sans jamais rien demander à personne. Leurs enfants ne manquaient de rien, ils étaient bien élevés, polis et participaient aux tâches de la maison. Elle était clairement une bonne épouse et une bonne mère qui savait gérer son foyer. Regrettait-elle de ne pas avoir fait d'études comme le lui rappelait régulièrement sa mère ? La réponse était non, son mari et ses enfants avaient trop besoin d'elle.

De son côté, Indalecio n'était pas mécontent de ce petit changement dominical. Il avait pu profiter de la journée pour se reposer, faire une sieste, et aller bavarder au square du coin avec ses copains espagnols. Quelle que soit l'issue des résultats, il était surtout fier d'avoir pu présenter ses papiers d'identité et d'avoir voté, pour la première fois de sa vie. L'attente avant de pouvoir être en droit de faire sa demande de naturalisation et les démarches auprès de la préfecture avaient été longues et duré des années. Il avait souvent douté. Hélène avait beau le rassurer sur son niveau de français, il avait craint de rater ses examens et entretiens de langue. Après tout, elle n'était peut-être pas la mieux placée pour juger, habituée qu'elle était à son accent. Et puis, même s'il comprenait tout lorsqu'on lui parlait, il s'était inquiété des tours que pouvait lui jouer le stress, l'enjeu étant tellement important. Il s'était procuré des livres d'histoire de France d'occasion, pour les questions de connaissance de la culture du pays, et avait passé des soirées entières à étudier, en plus des journaux, malgré sa fatigue de la journée. Il s'était souvent énervé après les enfants qui le dérangeaient. Et toujours ce doute, même s'il n'avait rien à se reprocher, en dehors d'avoir franchi la frontière de manière illégale, que les conclusions de l'enquête sur lui soient négatives. Hélène avait beau lui rappeler dans une logique implacable que, du fait qu'ils étaient mariés depuis si longtemps et que leurs enfants étaient français, il n'y avait pas de raison de lui refuser sa naturalisation, il avait souvent craint de voir tous ses efforts réduits à néant, et de ne jamais avoir sa place en France. Aussi avait-il éprouvé un immense sentiment de soulagement et une joie incommensurable lorsqu'il avait reçu la convocation pour aller chercher sa carte d'identité française à la Préfecture. Ce souvenir restait gravé dans sa mémoire, et il aimait s'y replonger, comme lorsqu'il avait été voté. Il avait fêté cet événement avec Hélène, les enfants et sa belle-famille qui l'avait félicité. Même le regard de sa belle-mère avait changé, lui semblait-il. Ça y est, il était français, il devenait enfin acceptable à ses yeux. Il avait informé ses frères et sœurs de la nouvelle, sans trop s'étaler, mais n'avait rien mentionné devant son père. Depuis son mariage, ils s'évitaient. Ils se croisaient chez Leonides ou Felix, n'échangeant que rarement des paroles. Genaro s'obstinant à ignorer Hélène et les enfants, allant jusqu'à ne pas les saluer lors des repas de famille, Indalecio avait fini par exploser et menacer de ne plus venir. Pour une fois, tous ses frères et sœurs s'étaient ralliés à sa cause, et Genaro n'avait eu d'autre choix que de s'incliner. Néanmoins, il continuait de les ignorer lorsqu'il les croisait dans la rue.

Indalecio appréhendait donc cette « soirée spéciale élections » avec un certain enthousiasme. Il savait que René Boyer, son beau-père, était un gaulliste convaincu et que cela donnerait des petites joutes dans la soirée, mais contrairement aux discussions avec son propre père dès qu'il s'agissait de politique, cela se ferait dans les limites d'une certaine cordialité et du respect des idées de chacun. Même si son beau-père faisait preuve parfois d'une indéniable supériorité ou de complaisance vis-à-vis de lui, comme s'il en savait plus que lui sur ce que la démocratie voulait dire, il appréciait leurs échanges. Il mettait un point d'honneur à lire quotidiennement l'Écho républicain[20], France-Soir, et bien sûr L'Humanité Dimanche. Non seulement il développait son vocabulaire, mais cela lui permettait aussi de défendre ses idées lors des débats familiaux. Il n'avait pas la finesse de son frère Antonio, mais il s'en sortait plutôt bien dans ses analyses. Par ailleurs, il était content d'aller suivre les résultats des élections chez les Boyer, les Gallego n'ayant montré que très peu d'intérêt pour ce sujet : certes, de Gaulle était un libérateur… mais voter pour un autre général qui avait lui aussi toujours été hostile aux communistes, et aux anarchistes, ce n'était pas compréhensible… surtout du point de vue de Genaro.

Les Gallego arrivèrent donc chez René et Andrée Boyer à 19 h tapantes où les attendaient déjà Jean, le frère d'Hélène, et son épouse, Louise. La table était déjà dressée et tout le monde s'était installé comme d'habitude, les hommes en bout de table, les femmes réparties au milieu, et les enfants à l'autre bout, le plus loin possible pour ne pas déranger. Le dîner terminé, les hommes restèrent à table à fumer et à boire leur digestif pendant que les femmes s'activaient à débarrasser, faire la vaisselle et ranger. Les enfants s'occupaient comme ils pouvaient entre jeux de cartes, magazines et dessins. Les plus petits avaient été couchés dans la chambre d'à côté et Hélène allait régulièrement y jeter un œil. L'antique poste de radio avait été posé au centre de la table et, l'alcool aidant, les hommes se mirent à analyser de bon train les commentaires du présentateur.

« Alors Indalecio », interpella René Boyer d'un ton jovial. « On est là à boire, à attendre, mais on sait bien que les résultats sont pliés. Rien ni personne ne peut battre notre Général de Gaulle ! Et certainement pas vos communistes ! »

Indalecio sourit à son beau-père et leva son verre à son attention. « Méfiez-vous quand même des communistes, ils pourraient bien

[20] Quotidien départemental français publié dans le département d'Eure-et-Loir.

créer la surprise… votre Général se fait vieux… ses idées aussi… et que dire de l'affaire Ben Barka[21] ? Si on commence à faire les basses œuvres d'une ancienne colonie… l'affaire Ben Barka… ça la fout mal pour de Gaulle. Les Français ne sont pas contents. »

René leva également son verre d'un air entendu et but d'un trait. Jean, le frère d'Hélène, intervint à son tour. « Papa, il n'a pas tort le beau-frère, il se fait vieux le Général… et même en dehors de cette affaire, regarde en 65 pour les présidentielles, il s'est quand même retrouvé en ballottage ! Il se croyait au-dessus de la mêlée, s'est basé sur son capital de libérateur de la France et vois ce qu'il lui est arrivé !

— Peut-être… mais comme le résistant qu'il est, il a appris de ses erreurs, il est reparti en campagne et il a finalement gagné !

— Il n'empêche que le Général n'est pas indéboulonnable ! Et la gauche a prouvé que l'union faisait la force électoralement !

— Mais dis-moi Jean, tu es de quel côté ? Ne me dis pas que tu t'es laissé embarquer par ce Mitterrand !

— Je n'ai pas à te dire pour quoi je vote… »

René se servit une nouvelle rasade d'alcool et éclata de rire. « Me voilà bien entre un fils qui vote à gauche et un beau-fils qui lit les journaux et vote communiste ! Qu'ai-je donc raté ? Et vous les femmes, à la cuisine, venez un peu nous raconter pour qui vous avez voté ! »

Andrée Boyer déboula dans la pièce, un torchon sur l'épaule. « Le Général bien sûr ! Je reste fidèle à notre libérateur ! Je n'ai pas la mémoire courte moi ! »

Louise, l'épouse de Jean, apparut à son tour. Elle s'assit dans un fauteuil, croisa ses longues jambes, faisant remonter encore plus sa mini-jupe sur ses cuisses et s'alluma une Gauloise avant de prendre la parole. « Le Général a fait son temps, il a servi notre pays et nous l'en

[21] Le 25 octobre 1965, alors que de Gaulle vient juste d'être réélu, Mehdi Ben Barka, principal opposant au roi du Maroc Hassan II et leader tiers-mondiste, est enlevé en plein Paris avec la complicité de membres de la police et des services secrets français. Le corps de Ben Barka n'a jamais été retrouvé. Lors des Conseils des ministres, de Gaulle a fustigé l'implication des services de la Préfecture de police et du SDECE dans l'enlèvement et pris à partie le ministre de l'Intérieur Roger Frey, et plus tard a tenu le gouvernement marocain pour responsable pour la disparition de Ben Barka.

remercions… mais il doit laisser la place à de nouvelles idées, une nouvelle politique, interne et internationale, il est temps d'évoluer.

— Depuis quand les femmes ont de telles idées ! » s'exclama René.

« Voyons, mon cher beau-père, je ne vous apprends rien, les femmes ont toujours eu des idées. La différence est qu'aujourd'hui, elles peuvent les exprimer au même titre que les hommes : dans les urnes. Et il en aura fallu du temps pour l'obtenir ce droit ! Même les Espagnoles ont eu le droit de vote avant nous, n'est-ce pas beau-frère ? »

Indalecio regarda sa belle-sœur avec surprise. « Oui… quand nous étions en république… mais ça s'est vite terminé avec Franco.

— Qu'importe, les Espagnoles l'ont quand même eu avant nous, alors qu'à l'époque, si je ne m'abuse, l'Espagne était soi-disant un pays arriéré !

— Malheureusement, je crains que depuis, il ne soit devenu définitivement arriéré », répondit tristement Indalecio.

« Tout a une fin, beau-frère, il finira bien par clamser ton dictateur ! Et tu verras, l'Espagne rattrapera et dépassera notre pays sur bien des aspects… Attends et tu verras… les touristes n'attendent qu'une chose, poser leurs fesses sur les plages espagnoles ! »

Il lui lança un sourire reconnaissant et elle lui tendit son paquet de Gauloises en lui faisant un clin d'œil. Il aimait bien sa belle-sœur, si moderne, frondeuse, et intelligente. Il se demandait parfois ce qu'elle pouvait bien trouver à Jean. Certes, c'était un homme aimable, réfléchi et travailleur. Mais tellement transparent. Tout le contraire de Louise qui ne passait jamais inaperçue et regardait le monde du haut de son incroyable mètre quatre-vingts. Rien ne lui échappait et elle n'épargnait personne de sa lucidité. Il l'appréciait beaucoup, même s'il n'échangeait que très rarement avec elle et qu'il ne partageait pas forcément toutes ses idées, notamment sur certains aspects de l'émancipation des femmes. Qui s'occuperait du foyer et des enfants si les femmes devaient aussi travailler à plein temps, prendre le train et rentrer tard le soir ?

« Et toi Hélène, ma chère belle-sœur, as-tu voté pour les communistes comme ton mari, ou as-tu fait valoir tes propres idées ? »

Hélène fusilla Louise du regard. Elle n'aimait pas cette belle-sœur qui la faisait se sentir vieille, dépassée et, à son grand désarroi, inférieure. Elle était bien trop belle, trop tout avec son corps si parfait et sa tête si bien faite. Après cinq grossesses, il lui était impossible de lutter, son corps avait perdu de sa fermeté et, faute de moyens, cela faisait bien longtemps qu'elle ne s'était pas acheté de nouveaux vêtements. Et puis, avec la tenue du foyer, elle n'avait guère le temps d'être aussi « informée ». Elle voyait bien qu'Indalecio l'appréciait, ce qui l'agaçait profondément. Elle répondit d'un ton pincé :

« Comme l'a si bien dit mon frère, je n'ai pas à dire pour qui je vote et je suis une femme indépendante, je vote selon mes idées ! »

Indalecio la regarda d'un air surpris. Elle avait voté comme lui, pourquoi mentir ? Louise changea de sujet. « À propos d'indépendance, j'ai ouvert mon propre compte en banque cette semaine. Après tout je travaille, je gagne mon propre argent, il est bien normal que j'aie mon propre compte et que j'en fasse ce que je veux. Ça a été très facile, je l'ai fait toute seule, comme une personne adulte et responsable. Et j'ai été très bien accueillie par la banque. »

Il y eut un silence.

« Je ne comprends plus le monde d'aujourd'hui », finit par dire René en se resservant à boire.

Jean prit la bouteille et se servit à son tour. « Papa, c'est rien, le monde change, et je suis content que Louise ait son propre compte et gère on argent.

— Mais alors, à quoi bon se marier ? » demanda Andrée.

« Parce qu'on s'aime Maman. Le mariage, ça ne veut plus dire que la femme doit dépendre de l'homme pour tout. Les femmes auront au moins appris ça de la guerre.

— Et les hommes aussi mon chéri ! » l'interrompit Louise.

« Oui, bien sûr. Et un salaire en plus, ça aide beaucoup, on partage, on met en commun…

— Oui, selon nos accords, chéri…

— Mais vous comptez avoir des enfants quand même ? » insista Andrée.

« Pas tout de suite, on a le temps », répondit Louise. « Et avec la pilule contraceptive, on va pouvoir choisir quand… si on décide d'en avoir bien sûr ! »

Andrée se retourna vers son fils, affolée. « Mais Jean, vous comptez bien en avoir non ? »

Louise la reprit vivement. « Andrée, ce n'est pas à Jean de décider, mais à nous deux. » Puis lançant un clin d'œil malicieux à Hélène. « Et puis, vous en avez déjà votre lot de petits enfants, il me semble, vous devriez être contente ! Ce n'est pas assez cinq ? »

Andrée ne put se retenir de faire la moue. C'en fut trop pour Hélène. « Louise, comme tu le dis si bien, chacun fait comme il veut et décide ou pas de se faire mener par le bout du nez par son épouse avec ses idées soi-disant modernes ! Et toi Maman, tu as cinq petits-enfants, certains sont blonds, d'autres sont typés, et il va bien falloir que tu t'y habitues puisque de toute façon ce sont les seuls que tu as et que tu risques d'avoir avec toute cette modernité ! »

René tapa du poing sur la table. « Ça suffit ! Pas d'histoires sous mon toit ! Alors soit on reprend une discussion normale, soit vous vous taisez tous en attendant les résultats ! »

Indalecio écrasa sa Gauloise et s'alluma une Gitane. Contrairement aux Gallego, les disputes chez les Boyer n'allaient jamais bien loin. Certes, il y avait des piques ici et là… Andrée était souvent acerbe avec sa fille et ne l'avait jamais vraiment accepté, lui, comme beau-fils. Cependant, René veillait à ce que certaines limites ne soient jamais dépassées. Son beau-père lui rappelait par bien des aspects le cousin Balbino, et il lui arrivait de se demander ce qu'il adviendrait de cette unité familiale s'il venait à disparaître. Probablement l'explosion, comme chez les Gallego. Andrée monta le son de la radio, on annonçait enfin les résultats. Le suspense ne dura pas, les gaullistes avaient gagné. Mais à la surprise générale, ils ne disposaient que d'une très courte majorité de sièges à l'Assemblée nationale.

« Voilà, je vous l'avais bien dit, c'était plié d'avance, le Général a gagné ! » s'exclama René. « Andrée, va chercher une bouteille pour fêter ça !

— Papa, comment peux-tu être si content ?

— Et comment veux-tu que je sois ? Il a bien gagné !

— Papa, tu l'as entendu toi aussi, les gaullistes ont évité de justesse une défaite écrasante, il n'y a clairement rien à fêter ! Les prochains mois vont être compliqués ! Ça fait déjà des mois que ça grogne dans le pays !

— Alors quoi, j'n'ai pas le droit de fêter la victoire du Général, de celui qui a lancé l'appel du 18 juin, de celui qui a libéré la France et qui la maintient indépendante ? Dois-je te rappeler où j'étais sous l'occupation ? Chez les boches, à travailler pire qu'un esclave, pire qu'une bête de somme ! Tout ça grâce au gouvernement de Vichy, à Pétain et toute la clique, alors s'il n'y avait pas eu le Général…

— Papa, allons… oui… et on sait tous ce qu'il a fait pour son pays… d'accord on va fêter sa victoire. Mais le monde change, c'est ce que j'essaie de te faire comprendre. Mais oui on va trinquer. »

René ne répondit pas. Indalecio restait dubitatif et trouvait cette fausse dispute quelque peu ridicule. Ils ne se rendaient vraiment pas compte de la chance qu'ils avaient de voter et d'avoir des partis différents au gouvernement, tant qu'ils ne tombaient pas dans les extrêmes.

« Alors Indalecio, pas mal le score des communistes ! Qui l'eût cru ? » interpella Louise pour détendre l'atmosphère.

« C'est vrai, ce sont de bons résultats. » Il hésita, puis se lança. « Vous savez, je vote pour les communistes parce que je n'aimerais pas que la France tombe entre les mains d'un dictateur comme Franco, et aussi par ce que je peux enfin le faire, voter je veux dire, et pour les communistes, parce que certains, pas tous bien sûr, ils n'ont pas toujours été propres… mais certains nous ont aidés quand on a perdu notre pays. Quand je suis arrivé en France aussi… Et je suis fier d'avoir pu voter et exprimer mon choix. Le chemin a été long pour obtenir mes papiers, pour que l'on reconnaisse enfin mon existence dans ce pays que je ne remercierai jamais assez de m'avoir accueilli… et qui enfin, me donne le droit de m'exprimer sur cette société dans laquelle je vis et à laquelle je participe. Mes enfants sont nés ici et sont français. Alors bien sûr je n'ai pas fait beaucoup d'études, aucune même pour ainsi dire, à part les leçons du Señor Caspián et du Señor Taradellas », dit-il dans un sourire nostalgique. « Mais tous les jours je lis les journaux pour me rattraper, mériter ce droit qui m'a été donné et l'utiliser, je l'espère, à bon escient. »

René lui attrapa l'épaule dans un geste de bienveillance. « Tu as amplement mérité ce droit, mon garçon, ça n'a pas été facile pour vous non plus les Espagnols. »

Le reste de la soirée se déroula paisiblement et il fut rapidement l'heure de rentrer. Tout le monde habitait à quelques pas les uns des autres et chacun rentra à pied. Il faisait relativement doux ce soir-là. Sur le chemin du retour, Indalecio se sentait le cœur léger. Il était content d'avoir voté et d'avoir contribué aux résultats du parti communiste. Il en était convaincu, les choses étaient en train de bouger. Son beau-frère Jean avait raison, la vieille garde gaulliste n'en avait plus pour longtemps, elle négligeait bien trop les ouvriers qui constituaient la force vive du pays et s'organisaient de mieux en mieux pour revendiquer leurs droits. Il y avait de plus en plus de mouvements grévistes et il y avait fort à parier que de grands changements allaient s'opérer d'ici peu. Pour sa part, il suivait le mouvement et était syndicalisé, mais il avait du mal à s'engager davantage. Il ne voulait pas suivre la voie de son père qui avait toujours fait passer ses engagements avant sa famille. Aussi soutenait-il et donnait-il son avis quand on le lui demandait, mais il en restait là.

De manière générale, il se sentait plutôt optimiste. Comme de nombreux ouvriers, Indalecio et sa femme étaient partis s'installer en province du côté de Chartres, dans un HLM où ils avaient gagné en espace et en confort, notamment avec l'accès à l'eau courante directement dans l'appartement. Quel luxe ! Bien sûr, il devait faire les allers-retours en train à Paris tous les jours pour rejoindre les chantiers, mais ça allait. Il était passé chef d'équipe et gagnait un peu mieux sa vie. Jusqu'à présent, il avait toujours eu du travail et évité les accidents graves. Oui, il s'en sortait plutôt bien. Il y avait toujours à manger sur la table, et bien que leurs vêtements ne soient pas neufs, ses enfants étaient toujours habillés correctement. Hélène gérait parfaitement l'argent qu'il rapportait et ils avaient pu s'acheter un petit transistor comme on en faisait beaucoup désormais. Et qui sait si bientôt, en économisant encore plus, ils ne pourraient pas s'acheter un téléviseur. Felix en avait acheté un, en noir et blanc, et il leur arrivait souvent de passer chez lui pour profiter du petit écran. Tous les Gallego avaient fini par s'installer dans la région chartraine. Malgré les dissensions, ils semblaient incapables de rester éloignés les uns des autres bien longtemps.

Indalecio regarda ses deux aînés, déjà adolescents, qui marchaient quelques mètres devant eux. Oui, ses enfants grandissaient bien. Daniel avait la blondeur et les yeux verts de sa mère. Il était beau, et il était fier de ses bonnes notes à l'école, même s'il laissait à Hélène le soin de surveiller la scolarité des enfants. Quant à Montse, il retrouvait de Juliana en elle, ce qui n'était pas pour lui déplaire. Il ne s'attarda guère sur la petite Pilar ni les deux derniers. Il se dit que la situation était bien comme elle était et l'idée de la pilule contraceptive dont avait parlé Louise lui revint en tête. Il jeta un œil en coin à Hélène. « Tu ne trouves pas qu'on est bien comme ça en ce moment ? »

Elle s'arrêta et souffla, dans un étrange sourire. « Si, et justement, je voulais te dire : je suis enceinte. »

22
Clara
Automne, 2004

« Non ! C'est pas vrai ! C'est pas vrai ! Non ! » s'écria Clara au téléphone. Elle éclata en sanglots. Ses collègues se tournèrent vers elle et certains se levèrent pour aller la voir. Elle finit par raccrocher et s'effondra sur son bureau, en pleurs.

« Clara, qu'est-ce qui se passe ?

— C'est… c'est mon père… il est mort cette nuit ! »

Sa cheffe la prit aussitôt par le bras. « Viens Clara, on va aller à l'infirmerie, viens. »

L'infirmière la prit immédiatement en charge. On lui prit un billet d'avion Barcelone-Paris et on lui commanda un taxi pour l'amener à l'aéroport. Elle fit un bref arrêt chez elle afin de récupérer ses papiers et quelques affaires qu'elle jeta pêle-mêle dans un sac. Elle se laissait conduire d'un point à un autre, l'esprit embrouillé. Le chauffeur de taxi tenta de parler avec elle, mais la seule chose qu'elle sût lui dire fut : « mon père est mort » et elle n'écouta plus ce qu'il lui disait.

À l'aéroport, elle parvint à ravaler ses larmes, le temps de passer les divers contrôles, puis elle s'effondra de nouveau dans l'avion et se recroquevilla sur son siège, le visage collé au hublot. Sa mère avait essayé de la joindre la veille au soir, mais son téléphone était éteint. Lorsqu'elle avait rallumé son portable, en arrivant au bureau, et qu'elle avait vu les tentatives d'appel, elle avait eu un mauvais pressentiment. Sa mère ne l'appelait jamais. Sa mère avait été d'une franchise brutale. « Ton père est mort cette nuit. »

Elle demanda un café à l'hôtesse qui passait avec son chariot. Elle but une gorgée et fit la grimace. Son cerveau tournait vite et la ramenait systématiquement quelques mois en arrière. La culpabilité la submergea.

Clara avait décidé de quitter l'Angleterre pour rejoindre l'Espagne, destination Barcelone. Elle ne repasserait pas par la France, ce serait un vol direct. Un aller simple, le billet était déjà acheté lorsqu'elle avait appelé sa mère pour donner et prendre quelques nouvelles. Elle avait appris que son père avait de nouveau fait un AVC, le laissant bien paralysé cette fois. Il était à l'hôpital. Avec ses problèmes de cœur et son diabète, c'était difficile. Clara avait hésité. Devait-elle changer son billet d'avion et passer quelques jours en France pour voir son père ? D'un autre côté, ce n'était pas son premier AVC, il allait probablement s'en remettre, comme d'habitude. Elle avait ses projets, tout était déjà organisé… Et puis, elle ne savait pas trop ce qu'elle aurait à lui dire. Il y avait déjà tous ses frères et sœurs sur place… c'était probablement suffisant… Indécise, Clara s'en était remise à la décision de sa mère. « Tu crois que je devrais venir ? »

La réponse avait été telle qu'elle l'attendait. « Non, ce n'est pas la peine, fais ce que tu as à faire, il va s'en remettre. »

Voilà, elle avait été égoïste et lâche, il n'y avait pas d'autres mots. Une mauvaise fille.

Lorsqu'elle arriva à la gare de Chartres, sa sœur Isabelle l'attendait. Elles tombèrent dans les bras l'une de l'autre. Arrivée chez sa mère, elle pleura de nouveau. « Je suis si désolée Maman… mon téléphone… il était éteint… pourquoi ne m'as-tu rien dit plus tôt ? Je serais venue !

— C'est arrivé très vite… les médecins ont fait en sorte qu'il ne souffre pas et qu'il parte en paix… Tu as ta vie, et de toute façon ça n'aurait rien changé. »

Clara encaissa sans rien dire.

Les jours suivants se déroulèrent dans une sorte de brouillard. Clara suivit sa mère et Isabelle aux pompes funèbres pour le choix de l'urne, chez le fleuriste… Isabelle était aux commandes pour tout. Elle apprit qu'Hélène n'avait pas informé Montse et Florent du décès de leur père. Daniel, l'aîné, avait fini par se mettre en colère. « Ce sont ses enfants aussi, ils ne méritent pas ça ! Le père était content de les voir à l'hôpital ! Tu n'as pas le droit de décider à sa place et tu n'as pas le choix, je les ai informés et ils viendront aux funérailles ! » Têtue, mauvaise, sa mère l'avait cependant prévenu, ils pouvaient venir au crématorium, mais ils n'étaient pas les bienvenus au repas.

La crémation dura une éternité. Les Gallego étaient divisés en deux camps et Clara, l'étrangère, celle qui était partie, passait de l'un à l'autre. La tante Emilia était venue de Perpignan. Il n'y avait pas d'autre Gallego.

Au repas du soir, silencieuse, Clara observait sa mère, la tante, et ses frères et sœurs. Il en manquait deux à l'appel, Montse et Florent. Leur mère était restée inflexible jusqu'au bout. Était-elle consciente du mal qu'elle faisait et des conséquences ? Tout le monde parlait, masquant la tristesse par des légèretés, faisant appel aux inévitables souvenirs et anecdotes drôles concernant le défunt. N'y tenant plus, Clara alla se réfugier dans son ancienne chambre et se prostra sur son lit. En se remémorant le visage de cire de son père dans son cercueil, elle réalisa avec une effroyable clarté d'esprit qu'il n'avait probablement fait que traverser sa vie et la subir. Surtout, qu'il avait été un inconnu pour elle. Qui avait-il été, au fond ? Elle se rappela l'avoir entendu dire un jour qu'il était un *bracero*… Elle avait cherché le mot dans le dictionnaire, sans chercher à en comprendre davantage. Une larme coula. Il avait bien dû avoir des envies, des rêves, lui aussi ? C'était qui, son père ? Il ne parlait pas et aimait le silence. Il aimait le chocolat et le miel et se levait la nuit pour en manger, les films de Clint Eastwood et les westerns spaghetti. Quoi d'autre ? Ah oui, il aimait être dehors… Elle songea avec tristesse que sa mère, qui avait accédé à contrecœur à ses dernières volontés d'être incinéré, l'avait quand même enfermé dans une boîte. Elle refusait d'aller disperser les cendres en Espagne, comme il l'aurait souhaité. Elle sourit amèrement. Avait-il jamais eu le choix de quoi que ce soit ?

Clara repensa aux absents, à Montse et Florent. La tristesse laissa la place à la colère. Son père était ce qu'il était, mais il n'aurait certainement pas aimé voir certains de ses enfants écartés le jour de ses funérailles ! Elle le connaissait mal, mais elle savait il n'était pas comme ça. Taiseux et colérique oui, mais pas un rancunier. Elle pleura.

La tante Emilia pénétra dans sa chambre et s'assit sur le lit à côté d'elle. « Pourquoi tu te mets à l'écart, tout le monde est triste, tu sais, ne reste pas seule, ma petite.

— Tata, je préfère rester seule… et non, il n'y a pas tout le monde justement, il en manque deux et “tout le monde”, comme tu dis, fait comme si de rien était !

— Je sais, mais…

— Non, justement, tu ne sais pas, tu ne sais rien et tu ne nous connais pas ! Sur mes vingt-huit années d'existence, on s'est vues combien de fois, hein ? T'as jamais été là, alors non, tu ne sais pas, tu ne sais rien ! Et Papa, hein, c'était qui finalement ? Il était si dur ! J'avais toujours l'impression que je le gênais, que j'étais de trop et pas assez… que… que… que je n'étais rien pour lui ! Mais est-ce que tu crois vraiment qu'il aurait souhaité ça ? Au moins tu as grandi avec lui alors oui, peut-être que tu le connaissais mieux que nous ! Tu penses vraiment qu'il aurait pu être si méchant, qu'il aurait voulu ça pour ses enfants le jour de ses funérailles ? »

Les larmes coulèrent sur les joues de la vieille femme. « Non ma petite… tu as raison… c'était un gentil garçon quand il était enfant… il n'y avait aucune méchanceté chez lui. Mais la vie a été dure… ce que nous avons vécu en Espagne, ensuite en France… les difficultés, les épreuves… le poids des responsabilités… lui qui était si sensible n'a pas eu d'autre choix que de s'endurcir. Trop peut-être, mais comment aurait-il pu en être autrement ? Il était très différent de nous, ses frères et sœurs… Mais tu as raison, il avait gardé un bon fond. Et… tu n'as jamais été de trop Clara, il était juste fatigué. Il n'a pas non plus eu de modèle, tu sais. Je ne te connais pas bien, mais crois-moi, tu as été au-delà de tout ce qu'il pouvait souhaiter pour ses enfants. Même s'il ne savait pas l'exprimer, il était très fier, j'en suis sûre. »

Clara se redressa un peu et renifla. « Tata, pourquoi est-ce qu'on est comme ça ?

— Qu'est-ce que tu veux dire ma petite ?

— Le grand-père Gallego, la grand-mère Juliana, dont personne n'a jamais parlé... tes frères et sœurs qui ont coupé les ponts, même toi avec Papa... Et puis nous, les enfants, avec Maman, c'est tellement compliqué, malsain... Elle nous manipule, nous monte les uns contre les autres... comme quand elle disait à Papa qu'on était de mauvais enfants et de nous en coller une quand il rentrait du travail. Il n'essayait même pas de comprendre, on s'en prenait une et c'était réglé. Au final, la seule image qu'on avait de lui, c'était ça, ses sacro-saintes cigarettes qu'il fallait acheter tous les jours, ses colères et les coups. Mais au moins il ne nous empoisonnait pas la vie ! La vérité c'est qu'on ne le connaissait pas. Personne ne dit rien, et fait comme si c'était normal, alors que justement, rien n'est normal chez nous et qu'il n'y en a pas un qui se sente vraiment bien dans tout ça. D'ici quelques années, plus personne ne se parlera, et on ne saura même pas pourquoi. C'est quoi le problème ? Qu'est-ce qui ne va pas chez les Gallego ? »

Emilia caressa doucement les cheveux de sa nièce. « L'histoire des Gallego n'est pas simple, comme pour beaucoup de familles, je pense... Je ne sais pas, ma fille... Concernant ton père, il a porté quelque chose en lui dès sa naissance, il faut dire qu'à l'époque... il a subi toute sa vie, il ne connaissait pas autre chose. C'était un rêveur, mais il n'a pas eu d'autre choix que de rester un *bracero.* Si les choses avaient été différentes en Espagne, qui sait... Quoi qu'il en soit, il a toujours essayé de faire au mieux pour vous donner ce qu'il n'a pas eu. Le minimum matériel. Pour le reste, il ne savait pas faire, il n'a jamais appris. Mais il aimait ta mère, il vous aimait, et il ne vous aurait jamais abandonnés. Je retrouvais le frère que j'avais connu les rares fois où il retournait en Espagne, surtout à Lorién... quand il s'autorisait à baisser sa garde... Ah ma petite... sais-tu que tu ressembles un peu à Juliana, ma mère ? Cette force que tu as… Elle était ce qu'elle était, et crois-moi, elle nous en a fait baver… mais quelle femme ! Elle en a eu du courage.

— Je ne sais pas Tata, il ne nous a jamais parlé d'elle… je ne sais pas si j'ai du courage, j'ai souvent un sentiment de fuite en avant… C'est horrible… j'ai toujours pensé que Papa était inexistant, qu'il n'avait pas sa place dans notre famille, que c'était Maman le pilier de tout… j'ai été tellement injuste, si dure… et… je ne sais pas quoi faire de tous ces sentiments et de cette culpabilité… car au final, oui, il maintenait quelque chose de bien plus solide dans notre famille que je ne l'aurais pensé…

— Ne culpabilise pas ma petite, même si je n'ai pas été très présente, je sais à quel point ça n'a été facile pour toi et tes frères et sœurs. Et je le regrette. Peut-être aurais-je pu vous soulager un peu… vous raconter… Mais oui, ton père, à sa façon, était un roc inébranlable. Il était fiable.

— Et maintenant qu'il n'est plus là, tout va s'effondrer. »

23
Indalecio
Été, 1977

Indalecio tira une dernière fois sur sa Gitane, jeta le mégot par la fenêtre et lança un regard noir à son fils Florent dans le rétroviseur. Sa main droite lâcha le volant pour venir lui claquer la cuisse. « Tu vas laisser tes sœurs tranquilles, oui ! »

Le gamin s'enfonça dans le siège arrière, faisant mine de se tenir à carreau, le temps que son père se rallume une cigarette et l'oublie. Au moment où il se redressait de nouveau, sa mère se retourna et pointa un doigt vers lui en signe d'avertissement. Il s'affaissa dans un soupir désespéré. « Est-ce qu'au moins je peux prendre Clara sur mes genoux ? » demanda-t-il.

Hélène jeta d'abord un œil à la petite dernière qui gazouillait sur les genoux de sa grande sœur, puis acquiesça. « Oui, mais évite de la secouer… Pilar, laisse ton frère la prendre un peu. »

Florent récupéra prestement sa petite sœur d'un an et demi et lui colla un bisou sur la joue avant de la serrer tendrement contre lui. Indalecio le regarda de nouveau dans le rétroviseur. Son fils de 12 ans lui rappelait beaucoup Antonio. Sa physionomie, son caractère, son sourire moqueur… cette façon qu'il avait de prendre soin de Clara… comme son frère l'avait fait pour lui lorsqu'il était enfant. Il eut un pincement au cœur. Cela faisait maintenant cinq ans que son frère avait disparu des radars. Il était parti comme ça, du jour au lendemain. Il avait laissé un court message à sa femme dans lequel il écrivait, en guise d'explication, qu'il n'arrivait plus à vivre ainsi, dans le mensonge. Au bord de l'hystérie, Henrieta avait fait le tour des Gallego, mais personne ne l'avait vu avant son départ.

Pour Leonides, il n'y avait pas de quoi s'inquiéter, cela arrivait à tous les couples. « Il reviendra quand il aura terminé sa crise, c'est tout. » Ce à quoi Felix avait ajouté, avec beaucoup de vulgarité. « Oui quand il aura vu assez des bites ! Il aurait dû s'engager chez les légionnaires ! » Ce sur quoi Genaro s'était emporté. « De toute façon, y'a pas de place pour les pédés dans cette famille, lorsqu'il aura enfin compris, il reviendra, et on l'accueillera comme un Gallego ! » Emilia, d'habitude si calme et discrète, n'avait, cette fois, pu se retenir. « C'est un Gallego ! Et ça n'a pas dû être facile pour lui de partir comme ça, alors souhaitons-lui d'aller bien et de trouver ce qu'il est parti chercher ! »

Indalecio était resté silencieux, comme à son habitude depuis son mariage, à la fois triste et inquiet. Il regrettait l'éloignement qui s'était creusé entre son frère et lui au fil des années et réalisait à quel point son frère s'était retrouvé seul et isolé. Malheureusement, il ne voyait pas comment il aurait pu être davantage présent pour lui. Il travaillait comme un forçat pour que sa famille ne manque de rien. En semaine, il prenait le train tôt le matin depuis Chartres pour rejoindre les chantiers à Paris, et rentrait tard le soir harassé. Il dînait, se lavait, et partait se coucher pour repartir le lendemain. Il se concentrait sur ses responsabilités. Les fins de semaine lui permettaient à peine de récupérer et tout lui paraissait être un effort tant il se sentait usé. Hélène s'occupait parfaitement du foyer, argent, administratif, ménage, enfants, mais elle ne conduisait pas, ce qui la rendait dépendante de lui pour les grosses courses, la sempiternelle tâche du week-end au supermarché. Et elle comptait aussi sur lui en tant que figure d'autorité suprême, ce qui n'avait rien de reposant avec autant d'enfants. Il lui arrivait souvent de distribuer des fessées sans vraiment savoir pourquoi, juste parce que sa femme le lui demandait. « Je leur ai dit que tu leur en donnerais une quand tu rentrerais. »

Il n'aimait vraiment pas ce rôle de père fouettard qui lui avait été naturellement dévolu, mais il était trop souvent fatigué pour entamer une discussion, et elle était sa femme, son rôle était de la soutenir. Il repensa à son frère. Il savait depuis longtemps que ce dernier était devenu alcoolique et qu'il prenait régulièrement des drogues. Il regrettait vraiment de ne pas avoir été là pour lui. À sa grande honte, il avait même esquivé les rares et pudiques tentatives d'Antonio de se rapprocher. Indalecio jeta un regard en coin à sa femme. Selon Hélène, il ne reviendrait jamais. « Dommage, c'était vraiment le plus gentil et le plus drôle des Gallego… le plus beau même ! » avait-elle l'habitude de dire, comme s'il était mort, ce qui avait le don de l'agacer.

« On est bientôt arrivés ? » demanda la petite Marianna, âgée de sept ans, que l'on avait installée dans le coffre avec son frère Sergio, d'un an son cadet.

« Ah non ça n'va pas commencer ! » tonna Indalecio.

Hélène lui fit un signe d'apaisement de la main et se tourna vers les enfants. « On est partis il n'y a pas longtemps et on ne va pas arriver tout de suite. On vous dira quand on est bientôt arrivés alors ce n'est pas la peine de demander. Je vous rappelle que vous êtes tous bien allés aux toilettes avant de partir, donc on ne s'arrêtera pas.

— On va où, au fait ? » s'enquit Pilar.

« En Espagne. »

Tous les regards convergèrent vers Indalecio.

« Et on va faire quoi ? » demanda Florent.

« On va voir qui ? La tante Leonides ? Je croyais qu'on voulait plus trop la voir ? » reprit Pilar, curieuse.

« Et si on nous parle en espagnol et qu'on comprend rien ? » s'inquiéta Isabelle, toujours anxieuse de tout du haut de ses dix ans.

« C'est là où il est né Papa ? » demanda pour la troisième fois Sergio.

« Moi j'veux pas y aller ! » bouda Marianna.

Indalecio donna un coup de poing sur le volant. « Vous allez vous taire ! Hélène, fais-les taire ! »

Hélène soupira. « Ce sont des enfants, c'est normal qu'ils posent des questions ! » Puis s'adressant aux enfants. « On va juste faire un petit tour en Espagne, voir comment c'est, et puis on rentre. Ça fait très longtemps que votre père a quitté l'Espagne, on va devoir passer la frontière... »

Indalecio cessa d'écouter et se concentra sur la route. Lorsqu'il vit le panneau indiquant la frontière à quinze kilomètres, son cœur s'accéléra. Il n'avait jamais été aussi proche depuis... Son cerveau se mit en ébullition. Trente années s'étaient écoulées depuis qu'il avait franchi la frontière en sens inverse... depuis que sa vie en Espagne s'était brutalement interrompue pour redémarrer en France. Trente longues années d'évitement de cette frontière, d'oubli, d'amnésie, de douleur, et de rancœur, aussi. Il en prenait durement conscience en redécouvrant les Pyrénées. Jusqu'à ce que le Général Franco meure, enfin, le 20 novembre 1975. Là où il était bien incapable de se rappeler la moindre date d'anniversaire de ses enfants, celle-ci était bien gravée dans sa mémoire et le resterait. De même qu'il se souvenait parfaitement des semaines d'attente et des communiqués quotidiens sur les opérations de dernière chance pour sauver le Caudillo. Comme bon nombre d'exilés espagnols, il avait bien cru qu'il ne mourrait jamais. Un jour, il était donné pour mort, le lendemain, les journaux le montraient assis dans son fauteuil, à son bureau. Seule la photo de son cadavre exposé dans son cercueil avait mis tout le monde d'accord : Franco était bien mort, il ne se relèverait pas cette fois ! Poussé par un instinct morbide, Indalecio avait acheté tous les journaux pour avoir tous les angles possibles de cette photo et ainsi repérer les moindres stigmates de l'atroce souffrance qu'il aurait subie dans ses derniers instants. Mais, à sa grande déception, les embaumeurs avaient fait du bon travail, car rien ne transparaissait sur son visage de cire grise. Puis la colère l'avait envahi lorsqu'il avait lu les reportages sur le cérémonial autour des obsèques. Ce nain ne méritait pas un mausolée,[22] mais la fosse commune ! Fait de plus en plus rare, les Gallego s'étaient réunis chez Leonides pour fêter la mort du dictateur. Bien que vivant tous dans la même petite ville du

---

[22] À sa mort, le corps de Franco a été déposé dans une sépulture dans El Valle de los Caídos (La vallée de ceux qui sont tombés), gigantesque monument à la gloire du franquisme construit en une vingtaine d'années à partir de 1940. EN 2019, le corps de Franco est exhumé et inhumé dans le cimetière du Pardo, à Madrid.

Coudray à côté de Chartres, ils se voyaient de loin en loin. Ils se reprochaient beaucoup de choses, sans trop savoir quoi exactement. Les fausses rancœurs et les jalousies s'autoalimentaient, à force, une distance méfiante s'était installée. Ce jour-là, les Gallego avaient mis leurs différends de côté et s'étaient laissé aller à une joie commune. Ils avaient trinqué sans fin, se félicitant de l'heureuse nouvelle, se remémorant des souvenirs heureux à Chustosalto et Lorién. Ils avaient ri de bon cœur, se moquant gentiment les uns des autres, et avaient tous regretté qu'Antonio ne soit pas parmi eux. Chacun avait fait ses plans, ils allaient enfin pouvoir retourner au pays. Genaro avait décrété d'un ton solennel que la République allait enfin récupérer ses droits, et tout le monde avait joyeusement applaudi. Indalecio sourit tristement en se remémorant comment son père, comme beaucoup de réfugiés politiques, avait rapidement déchanté à la prise de pouvoir de Juan Carlos, nouveau roi d'Espagne, ainsi que l'avait planifié Franco de son vivant.

« Mais d'où est-ce qu'on vit dans une monarchie au 20e siècle ! Pourquoi n'est-il pas question de république ? Il est mort le nain, le pouvoir au peuple ! » Aussi Genaro, après plus de quarante années d'exil, était reparti en Espagne. « C'est mon pays, j'y suis né, j'y ai combattu et j'y mourrai ! »

Lorenzo, comme à son habitude, avait suivi son frère. Mais Genaro n'avait pas survécu longtemps à Franco, puisqu'il était mort un an plus tard avec pour derniers mots, selon la légende « Au moins, j'aurais vu le nain dans son cercueil avant de mourir, et il n'aura pas pu m'empêcher de mourir libre chez moi ! »

Leonides avait été à son chevet lors de ses derniers instants puisqu'elle aussi, accompagnée de son mari et de leurs trois enfants devenus adultes, était retournée vivre au pays. Comme pour son père, la France n'avait jamais été autre chose qu'un passage, en attendant des jours meilleurs. Elle avait toujours su qu'elle rentrerait en Espagne et avait économisé durant des années dans ce seul et unique but. Ils s'étaient tous installés, non pas à Chustosalto, mais à San Mateo, d'où la famille de Genaro était originaire. Selon les nouvelles qu'elle donnait à Emilia, ils avaient monté une petite affaire familiale de maçonnerie et s'en sortaient plutôt bien.

« Ça y est, nous y sommes », déclara Hélène en pointant du doigt le panneau signalant le poste-frontière. Elle sortit promptement une petite sacoche de la boîte à gants. « Nos papiers. »

Indalecio s'inséra dans la longue file de voitures. Il sentit soudain une émotion indéfinissable et incontrôlable monter en lui. La sueur commença à perler sur son front et ses tempes. Il eut l'impression d'étouffer. Au bord de la nausée, il écrasa sa Gitane à moitié consommée dans le cendrier et vérifia que toutes les fenêtres étaient bien ouvertes. Il attrapa sa casquette pour s'éventer. Hélène, percevant son malaise, s'inquiéta :

« Tu veux qu'on se gare sur le côté un instant ? »

Il hésita puis secoua la tête négativement. Non, s'il s'arrêtait, il ne repartirait pas, du moins pas dans ce sens-là. La file avança et il redémarra la voiture. La panique l'envahit. Il serra fort le volant pour empêcher ses mains de trembler et se pencha en avant pour détendre son dos. Il prit une nouvelle cigarette qu'il alluma fébrilement.

« Est-ce que ça va aller ? » lui demanda doucement Hélène.

« Oui », souffla-t-il. « Passe-moi les papiers. »

Il sortit sa pièce d'identité, qu'il vérifia. Il était naturalisé depuis longtemps maintenant. Il était français. Quand bien même son nom et prénom, que l'administration écorchait en permanence, ainsi que son accent trahissaient ses origines, oui c'était écrit noir sur blanc, il était français. Et sa femme et ses enfants étaient français, à 100 %. Il respira un bon coup et se raisonna. On ne pouvait pas lui refuser le passage ou l'arrêter sans raison. Felix, qui en était déjà à son deuxième passage de frontière, lui avait raconté que les douaniers n'étaient pas des plus aimables avec les naturalisés, mais qu'au final ils ne pouvaient pas les empêcher de passer. « Alors comme ça frangin, tu te décides enfin à y aller ? » lui avait-il dit lorsqu'il lui avait annoncé son intention de passer la frontière, sans pour autant donner trop de détails. « Tu verras, c'est plus pauvre qu'à notre époque, et pourtant je ne pensais pas que ça pouvait être pire. Ils sont tous partis dans les grandes villes, les villages sont déserts… Et puis Franco… t'as l'impression qu'il n'est pas mort… des monuments, des plaques, des noms de rue… on le voit partout ! Et la *guardia civil* est encore bien présente… ce sont les mêmes qu'avant ! Et puis les gens… tu vois bien que ça ne les intéresse pas la politique, ils sont complètement amorphes, il leur a bien lessivé le cerveau le nain ! T'imagines même pas comme ça l'a rendu fou le père quand il est rentré ! Il s'est pris la tête avec tout le monde à San Mateo… c'est peut-être bien ça qui l'a tué d'ailleurs. Moi j'évite les sujets politiques quand j'y vais, comme ça je suis bien avec tout le monde. »

Indalecio lui avait demandé s'il était allé à Gallocanto, rendre visite à la famille de leur mère. « Non… on n'a jamais été trop en contact avec eux… », avait répondu Felix avant de changer rapidement de sujet. « Tu sais frangin, pour nous qui venons de France, la vie n'est pas chère là-bas… on se sent riche, enfin presque. Tout semble plus facile. Je pense que je vais investir dans l'immobilier. Y'a quelque chose à faire. »

L'idée de son frère n'avait pas surpris Indalecio. Son aîné s'en était bien sorti en France et c'était l'une des raisons pour lesquelles il ne souhaitait pas retourner vivre en Espagne. Il était rentré chez Renault, sur les chaînes de montage, dans les années 60, et avait petit à petit grimpé les échelons pour devenir chef d'équipe. Il était aussi un syndicaliste très actif. Ses deux fils avaient fait de bonnes études et étaient devenus ingénieurs, pour sa plus grande fierté. Indalecio grimaça en pensant à ses propres aînés. Daniel était très intelligent, ses professeurs avaient toujours loué ses capacités. Malheureusement, au fil des années, son intérêt pour l'école s'était étiolé et seuls les trafics en tous genres et les mauvaises fréquentations semblaient l'intéresser. Il avait intégré l'école de la SNCF quelques années auparavant, mais s'en était rapidement fait renvoyer. Indalecio n'avait pas vraiment cherché la raison de ce renvoi, laissant Hélène gérer cette histoire. Après une énième dispute avec leur fils concernant de la drogue chez eux, ses parents avaient pris la décision de le mettre à la porte « parce qu'ils ne voulaient pas de voyou chez eux », « qu'il était de mauvaise influence sur les plus jeunes » et « pour qu'il comprenne enfin la vie ». Ça les arrangeait aussi, leur F4 étant devenu trop petit avec la naissance des derniers, il fallait faire de la place. Depuis, personne ne savait de quoi il vivait exactement et ses parents se gardaient bien de creuser. Sa fille Montse avait hérité du caractère bien trempé de sa grand-mère, Juliana, ce qui n'était pas toujours évident à gérer pour Hélène, ainsi que ses frères et sœurs. Particulièrement douée pour le dessin, elle avait vite annoncé qu'elle ne poursuivrait pas ses études de secrétariat. Elle voulait faire les Beaux-Arts, elle était faite pour la vie d'artiste et rien ne l'en détournerait ! Il s'en était suivi une violente dispute dont toute la tour HLM avait profité. À bout de nerfs, entre les cris de sa femme et de sa fille, Indalecio avait fini par gifler durement cette dernière. Montse était partie en claquant la porte et vivait désormais ici et là, chez qui voulait bien l'héberger, un peu comme ces hippies qu'on voyait à la télé. Elle avait néanmoins été acceptée à l'école des Beaux-Arts, ce qui n'était déjà pas si mal, même si ses parents se demandaient ce qu'elle pourrait bien en faire plus tard. Elle passait de temps en temps, mais cela se terminait invariablement en querelle avec sa mère. Indalecio jeta un coup d'œil rapide dans le rétroviseur à Pilar, sa troisième. Au moins, celle-ci ne leur posait pas de problème. Elle travaillait bien à l'école, ne demandait jamais rien, se débrouillait seule et participait aux tâches de la maison sans rechigner. Son départ prochain pour l'université était une fierté, et permettrait de faire un peu de place. Il balaya du regard ces cinq derniers et se demanda ce que ceux-là allaient donner. Il comptait sur Hélène pour faire ce qu'il fallait.

La voiture avança et ce fut leur tour. Le douanier français ne fit même pas attention à eux. D'un simple signe de la main, il les fit pénétrer dans le fameux « no man's land » entre les deux pays. Ils suivirent la file qui finit par arriver au poste douanier espagnol. L'homme en vert les arrêta d'un geste, s'avança et leur demanda leurs papiers. Il lut attentivement les documents, se pencha à l'intérieur pour compter tout le monde, et s'adressa d'un ton sec à Indalecio, en espagnol. « Naturalisé ?

— Oui, seulement moi. Ma femme et mes enfants sont français.

— Qu'est-ce que vous allez faire en Espagne ?

— Visiter. On fait juste un aller-retour dans la journée. On est en vacances, pas très loin, à côté de Pau.

— Vous venez voir dans quel état est le pays, maintenant que vous vous êtes embourgeoisés, profiter de… » Il se repencha et recompta les enfants. Il ajouta d'un ton narquois. « Bon ben, y'a des choses qui ne changent pas, francs ou pas francs ! »

Indalecio sentit son cœur s'accélérer dangereusement, mais ne répondit pas. Le douanier resta un instant à le regarder, puis lui rendit les papiers. « C'est bon allez-y. » Et il resta jusqu'à ce qu'ils aient démarré.

« Papa, il t'a dit quoi le monsieur ? » demanda Florent.

« Rien. »

Ils roulèrent encore un peu puis décidèrent de s'arrêter pour se restaurer. Indalecio se désaltéra longuement. La nausée ne l'avait toujours pas quitté, il se sentait toujours aussi fébrile. L'attitude du douanier lui avait renvoyé en mémoire l'arrogance de la *guardia civil*. Il avait raison cet homme, certaines choses ne changeaient pas. Hélène se rapprocha de lui. « Tu es sûr que ça va aller ? On peut toujours faire demi-tour, ce n'est pas urgent, on pourra y retourner une autre fois… »

Il s'énerva. « Non, je te dis que ça va aller. Laisse-moi. »

Sa femme poussa un soupir d'exaspération. « Je te préviens, on n'est pas venus ici pour subir ! » Et elle s'éloigna avant que n'éclate la dispute. Il savait qu'il n'aurait pas dû s'énerver contre elle. Elle n'y était pour rien. Elle ne pouvait pas savoir ni comprendre ce à quoi les simples mots et le ton de cet homme l'avaient renvoyé. Des images perdues dans sa mémoire refirent surface. La nausée revint. La voix, douce, de son fils Florent le sortit de ses réflexions. « Alors on va où Papa ? » s'enquit le garçon, la petite Clara toujours dans ses bras.

Inspirant un grand coup, Indalecio sortit sa carte d'Espagne et regarda la route à suivre.

« On va à Chustosalto.

— C'est quoi Chustosalto ? Y'a quoi là-bas ?

— Ma maison.

— Ah bon ? » Le garçon semblait captivé par cette information inattendue. « Et c'est comment ? »

Indalecio s'impatienta. « Tu verras, allez, on remonte en voiture. »

Pilar, qui s'était rapprochée, souffla à son frère. « C'est là qu'il est né. »

Ils roulèrent pendant deux bonnes heures, rythmées par les chamailleries des enfants, les pleurs des uns, les rires des autres et les avertissements des parents. Indalecio commençait à se détendre un peu. Depuis qu'ils avaient passé la frontière, le paysage lui paraissait différent, plus lumineux, plus accueillant que du côté français. Mais dès lors qu'ils commencèrent à approcher sérieusement de leur destination, il se mit à ralentir de manière si flagrante qu'Hélène finit par le remarquer. « On n'avance pas vite, tu ne trouves pas ? Il y a un problème avec la voiture ? »

Il ne répondit pas et appuya doucement sur l'accélérateur. Il avait de nouveau l'esprit accablé de doutes. Il se sentait de plus en plus angoissé. Pourquoi allait-il à Chustosalto ? Que cherchait-il ? Pourquoi ne se contentait-il pas d'aller rendre visite à Leonides à San Mateo, comme l'avait suggéré Hélène ? Surtout, pourquoi n'allait-il pas à Lorién ? Il sentit son visage devenir cramoisi au fur et à mesure que la culpabilité l'envahissait. Il n'avait jamais donné de nouvelles au cousin Balbino, laissant Emilia jouer les intermédiaires. Sa sœur le lui avait beaucoup reproché, notamment ces derniers temps. « Le cousin est malade, pas sûr qu'il lui reste encore longtemps. Il a tenu sa promesse, il a survécu au nain, mais maintenant… tu devrais lui écrire ou… y aller. Tu sais, il serait tellement heureux de te revoir. » Mais il avait trop honte, et il n'arrivait pas à en parler à sa sœur. Comment aurait-elle pu comprendre, elle qui était restée si fidèle au cousin, et à elle-même, de manière générale. Accompagnée de son mari Pedro et de leurs six enfants, Emilia était déjà retournée à Lorién qu'elle considérait comme le village de son enfance. « Je suis contente que mes enfants aient rencontré le cousin et qu'il ait pu faire leur connaissance. Tu devrais en faire autant avec les tiens, c'est important qu'ils sachent qui il a été pour nous, par quoi on en est passé », avait-elle insisté auprès de son cadet. Mais Indalecio se sentait bien incapable de partager quoi que ce soit de sa vie passée avec ses enfants. Ni avec sa femme d'ailleurs à qui il n'avait confié que le minimum, c'est-à-dire pas grand-chose. Tout ce qu'Hélène savait, elle l'avait appris en questionnant sa belle-famille. Emilia ne souhaitait pas retourner vivre en Espagne. « Le pays a changé, et nous avons changé, il n'y a pas de retour en arrière possible », disait-elle simplement. Cependant, elle envisageait d'aller s'installer à Perpignan, plus proche de la frontière.

« Chustosalto », annonça Hélène en tournant la tête vers son mari.

« Chustosalto », répéta-t-il à mi-voix, comme pour lui-même.

« Chustsalto ! » crièrent les enfants à l'arrière.

Il regarda le village qui apparaissait devant eux, en haut de sa petite colline. Ne pouvant plus reculer, il accéléra. Il préféra se garer à l'entrée du village. Il attendit que tout le monde soit sorti de la voiture pour en faire de même. Il s'alluma une cigarette et regarda autour de lui. Il fut pris d'un doute. Était-ce bien là Chustosalto, le village où il avait passé les premières années de sa vie ? Il visa les collines alentour. Il n'était plus vraiment sûr de ses souvenirs. Il leva la tête vers le clocher de l'église. « Bon, allons-y. »

Les enfants se mirent à courir devant. Ils rejoignirent rapidement la place du village, où l'église faisait toujours face à la mairie. « Ça veut dire quoi ça ? » demanda Isabelle en montrant un ensemble de flèches reliées par un joug gravé dans la pierre sur le mur de la mairie.

« C'est le symbole de la phalange, le parti de Franco, le dictateur », répondit Hélène.

« C'est à cause de lui que Papa a dû venir en France, c'est ça ? » reprit Florent.

« Oui c'est ça.

— Et maintenant que Franco est mort, Papa peut retourner en Espagne quand il veut ?

— Oui c'est ça.

— Et nous aussi alors. »

Indalecio faisait le tour de la place. Tout était bien comme dans ses souvenirs, et en même temps différent, plus petit, plus terne, plus triste. C'était perturbant. Il tenta de pousser la porte de l'église, mais celle-ci était fermée. Il se demanda à quoi pouvait bien ressembler le curé aujourd'hui. L'image de Don Francisco lui revint à l'esprit et il secoua énergiquement la tête pour la chasser. Il s'arrêta devant la mairie et ses grandes portes en bois. Il repensa immédiatement à l'arrestation de sa mère et un frisson lui remonta le long de l'échine. Il s'éloigna et s'approcha de la *tasca*, qui, elle aussi, était toujours là. Quelques personnes étaient attablées à l'extérieur. On l'interpella. « Français ? »

Indalecio hésita. « Oui, on vient de France.

— Mais tu parles espagnol ?

— Je suis né en Espagne.

— Ah d'accord, ça explique l'accent. Mais t'es pas du coin, t'es d'où ? »

Indalecio se sentit agacé. Bon sang, qu'est-ce qu'ils croyaient ? Lui aussi était du coin ! C'est alors qu'il vit deux hommes de la *guardia civil* s'installer à une table et il fut pris d'un mélange d'inquiétude et de dégoût. Il se retourna pour voir où se trouvaient Hélène et les enfants. Ils étaient tous éparpillés autour de la place. Il regarda de nouveau en direction des deux hommes. Ils n'avaient pas l'air de prêter la moindre attention à ce qu'il se passait autour d'eux. Il se sortit une Gitane.

« Bon alors t'es d'où l'étranger ?

— Je suis d'ici, je suis un Gallego, on avait une maison, dans la *calle Mayor »,* répondit-il d'un ton sec.

« Gallego ? Ah oui ! Y'a longtemps que vous êtes partis !

— La guerre…

— J'ai entendu dire que des Gallego étaient de retour, mais du côté de San Mateo. »

Indalecio ne put cacher sa surprise.

« Ahahah, ici tout se sait !

— T'es un des fils du Genaro ? demanda un vieux.

— Oui.

— Lequel ?

— Le dernier, Indalecio.

— Indalecio ? J'me souviens pas de toi.

— Et pourquoi t'es venu ? Y'a plus de Gallego ici, ils sont à San Mateo. »

Il se sentit pris au dépourvu.

« Alors ? Tu sais plus parler ?

— Alors… je… vous connaissez la Señora Amaia ? Elle est toujours vivante ?

— Amaia ? Oui elle est toujours parmi nous. Tu veux la voir ? On va lui dire que t'es là.

— Non… je ne vais pas la déranger… c'était pas prévu…

— Au contraire, elle sera contente d'avoir de la visite ! »

Indalecio se sentit pris au piège, il avait parlé sans réfléchir. Marianna arriva en courant vers son père. « Papa, Maman demande si on y va bientôt ?

— Oui oui, dis-lui que j'arrive.

— C'est ta fille ? Ta femme et tes enfants là-bas ?

— Oui.

— Ils parlent pas espagnol ? »

Indalecio retint un soupir d'agacement. « Non, ils sont français et on vit en France. On va devoir y aller. » Il salua rapidement et alla rejoindre les siens.

« Alors, tu les connaissais ? De quoi vous avez parlé ? » demanda Hélène.

« Non, des curieux, on n'a pas dit grand-chose… allez on y va, on va passer par les petites rues. »

Il fit un petit détour avant de rejoindre la *calle Mayor*, où se trouvait son ancienne maison. Tout lui paraissait plus délabré que dans ses souvenirs et il n'aimait pas ce qu'il voyait. Partout où il regardait, rien ne collait et n'était conforme à ses souvenirs. Arrivé dans sa rue, il accéléra le pas, d'un coup pressé de découvrir ce qu'était devenue sa maison. Les murs, portes et fenêtres étaient toujours là et il éprouva une sorte de soulagement en levant les yeux : « GALLEGO » apparaissait toujours en toutes lettres, inscrit dans la pierre. « C'est là que je suis né », dit-il simplement.

Les enfants s'emballèrent aussitôt. « Y'a notre nom écrit ! Ça veut dire qu'on est d'ici nous aussi ! On peut voir à l'intérieur ? »

La porte était verrouillée. Au moment où Indalecio essayait de voir comment la forcer, un des hommes de la *tasca* les rejoignit. « Alors, vous allez voir Amaia ? Je vais quand même la prévenir, elle est âgée.

— Qu'est-ce qu'il veut ? » demanda aussitôt Hélène.

Indalecio lui lança un regard perdu. Elle s'inquiéta.

« C'est la voisine… Amaia… elle est toujours vivante… quand on était petits… »

Pris par l'émotion, il n'arrivait pas à terminer, mais Hélène comprit aussitôt. Elle connaissait l'histoire. Elle se campa devant lui et le força à la regarder droit dans les yeux. « Écoute-moi Indalecio, ne laisse pas passer cette chance de la revoir, de lui montrer l'homme que tu es devenu et de lui présenter ta famille. Elle sera tellement heureuse de te revoir ! On est bien venus ici pour quelque chose, n'est-ce pas ? Alors maintenant qu'on y est, on va jusqu'au bout. » Elle conclut, d'un air entendu. « Et maintenant que tout le village sait qu'on est là… ça ne se ferait pas de repartir comme ça. »

Il hocha lentement la tête. Sentant les regards posés sur lui, il se demanda s'il serait capable de contenir ses émotions une fois à l'intérieur. Il ne voulait pas que sa femme et ses enfants le voient pleurer. Il inspira profondément et demanda à l'homme qui attendait d'aller dire à la Señora Amaia qu'elle avait de la visite.

Ils la trouvèrent attablée dans sa cuisine, l'oreille collée à un antique gros poste de radio. Malgré son visage ridé et ses cheveux blancs, Indalecio la reconnut immédiatement et son cœur fit un bond dans sa poitrine. À moitié sourde, elle ne les avait pas entendus rentrer et l'homme de la *tasca* lui toucha le bras pour attirer son attention.

« Amaia, vous avez de la visite ! » lui cria-t-il à l'oreille, avant de s'écarter pour laisser passer Indalecio et s famille.

La vieille dame sursauta. « De la visite ? Qui ? »

Surprise, elle se pencha en avant pour dévisager ses visiteurs. Les larmes aux yeux, Indalecio s'approcha et se pencha vers elle. « Señora Amaia, c'est moi, Indalecio Gallego, vous vous souvenez de moi ? »

Elle fronça les sourcils, et prit son visage dans ses mains pour mieux le regarder. « Indalecio Gallego ? » Elle resta indécise un court instant, puis son expression s'éclaira. « Indalecio Gallego ! Dieu merci je n'ai pas encore perdu la mémoire ! Indalecio Gallego, oh merci mon dieu ! Je suis tellement heureuse de te retrouver ! Je me suis tellement demandé ce que vous étiez tous devenus ! Tellement d'années… J'ai appris pour ta pauvre mère… et puis là, récemment pour ton père… on a su que vous étiez en France. Leonides est revenue à ce qu'il paraît ? Mais je parle trop, serre-moi dans tes bras. Pardonne-moi, je suis trop vieille, rouillée et émue pour pouvoir me lever. »

Il la prit dans ses bras, et pour la première fois depuis bien longtemps, il se laissa aller. Les souvenirs affluèrent et il pleura, longuement, blotti contre cette femme toute frêle qui avait tant fait pour lui et sa famille. Il se souvenait comment elle les avait récupérés dans la rue, lui et ses frères et sœurs, et comment elle les avait rassurés, consolés, nourris et traités comme s'ils avaient été ses propres enfants durant les jours sombres. Et de nouveau, elle le berçait, comme elle l'avait fait tant d'années auparavant. « Ça va aller mon garçon, ça va aller. » Elle l'écarta doucement pour mieux regarder son visage. « Oui, je te reconnais bien, Indalecio Gallego ! Je suis tellement heureuse. Tu étais un petit garçon si aimable, si discret, si sensible, si doux… »

Indalecio sourit à travers ses larmes. « Et vous, vous étiez si gentille… ce que vous avez fait pour nous à cette époque quand tout le village nous a condamnés et abandonnés… »

Elle lui caressa la joue. « C'était une autre époque, mon garçon, bien dure, tout le monde faisait ce qu'il pouvait… mais dis-moi, c'est ta famille que tu as amenée ? »

Indalecio sécha rapidement ses larmes avant de se retourner vers Hélène et ses enfants. Il leur fit signe de s'approcher. « Oui, ma femme Hélène, qui est française, et les enfants, Pilar, Florent, Isabelle, Marianna, Sergio, et la petite dernière, Clara. Il manque les deux aînés, Daniel et Montse. »

Hélène lui prit la main et les enfants encerclèrent la vieille dame qui leur sourit et se mit à leur parler.

« Ils ne comprennent pas l'espagnol », précisa Indalecio, gêné.

Amaia lui sourit gentiment. « Ils apprendront, maintenant que tu es revenu. »

Ils restèrent encore un petit moment. Indalecio donna des nouvelles de ses frères et sœurs, tout le monde allait bien. Il ne précisa pas qu'il n'avait plus de nouvelles d'Antonio depuis des années. Amaia lui parla de personnes dont il se souvenait à peine, voire pas du tout, mais il écouta avec plaisir. Lorsqu'ils prirent congé, Indalecio promit avec conviction de revenir. Il se sentait revigoré. Il prit néanmoins soin, en repartant, d'éviter la place du village. « C'était qui la dame ? » demanda Isabelle, en chemin.

« Une dame qui s'est beaucoup occupée de votre père et de sa famille pendant la guerre », répondit Hélène.

« La guerre d'Espagne », précisa Pilar.

« C'était contre les Allemands ?

— Non, c'était juste les Espagnols entre eux.

— Pourquoi ?

— Parce que ce sont des imbéciles », intervint Indalecio, en repensant à ce que disait toujours sa mère. « Bon allez, tout le monde dans la voiture ! »

Il s'alluma une Gitane avant de démarrer.

Le douanier français ne leur ayant pas montré le moindre signe d'intérêt, Indalecio éprouva un certain soulagement en repassant la frontière. Son ventre commençait à se dénouer, même s'il avait encore besoin de digérer les événements de la journée. Il se mit à fredonner doucement.

« Papa ? »

Il jeta un œil à Marianna dans le rétroviseur. « Oui ?

— Tu es Français ou tu es Espagnol ? »

Son esprit se figea. Que pouvait-il bien répondre à sa fille ? Il n'était sûr de rien... Après toutes ces années, il se sentait toujours comme un étranger en France. Il avait tout fait pour s'intégrer, mais il y avait toujours des traces de son ancienne vie en lui, il ne pouvait les effacer. D'ailleurs l'administration se chargeait bien de le lui rappeler en écorchant systématiquement son nom ou son prénom dans les correspondances. Il se fit soudain la réflexion que son accent le trahissait aussi bien d'un côté que de l'autre de la frontière. Et il réalisa avec amertume qu'il était aussi un étranger dans son propre pays d'origine. L'Espagne dans laquelle il avait vécu, le pays de ses souvenirs, n'était plus. Et il se sentit mort à l'intérieur.

« Papa, alors t'es quoi ?

— Rien.

— Indalecio ! » intervint Hélène. « Votre père est français, mais il est né et a grandi en Espagne.

— Donc Papa a été espagnol », insista Isabelle.

« Oui, mais sur ses papiers il est français maintenant. »

Indalecio fusilla sa femme du regard.

« C'est pas vraiment clair », murmura Pilar.

« Et s'il voulait, il pourrait redevenir Espagnol Papa ? Ou mieux, il pourrait être les deux ! Et nous, on pourrait aussi devenir des Espagnols ? » s'enthousiasma Florent.

« Bon ça suffit maintenant, vous allez vous taire ! » cria Indalecio.

Les enfants se turent, déçus de ne pouvoir poursuivre sur ces sujets dont ils ne pouvaient jamais vraiment parler.

« Moi, la maîtresse, elle m'a demandé si Gallego c'est espagnol, et j'ai répondu oui », dit Sergio d'une petite voix.

Indalecio soupira et jeta par la fenêtre la cigarette qu'il venait tout juste d'allumer. Il avait de nouveau la nausée. Cette journée n'avait peut-être pas été une bonne idée après tout. Il allait devoir digérer.

Épilogue
Automne, 2023

Clara et Elena arrivèrent en milieu de matinée à la gare de Chartres où Florent les attendait. Elena se jeta dans les bras de son oncle dans un grand cri de joie « Tonton Florent ! ». Il les ramena chez lui où les accueillit Dominique, sa compagne.

« Je vous déposerai en voiture tout à l'heure, mais je ne vous accompagnerai pas… j'irai faire quelques courses pendant ce temps… tu n'auras qu'à m'appeler quand vous aurez fini », glissa discrètement Florent à Clara dans la cuisine.

« Je comprends », répondit Clara. « J'espère qu'on ne va pas tomber sur la famille. »

Le frère esquissa un sourire. « Tu n'es pas à l'abri…

— On verra bien… j'ai eu le temps d'y réfléchir, tu sais… et j'ai autant le droit d'y aller que les autres… toi aussi d'ailleurs !

— C'est sûr… encore faut-il avoir envie d'y aller… faire face aux souvenirs… les questions restées sans réponses… les histoires non résolues…

— Oui… Après ça, je ne pense pas que j'y retournerai un jour… enfin je ne sais pas… En tout cas, aujourd'hui, je tiens ma promesse… tu te rappelles ce que je t'avais dit quand je n'en étais qu'au début ? Je suis contente qu'Elena m'accompagne, c'est aussi son histoire.

— Tu sais… on ne se dit pas souvent les choses, mais… tu peux être fière de toi, sœurette… enfin… moi je le suis.

— Merci, grand frère, ça me touche. Ça n'a pas été facile de faire revivre l'histoire, bien qu'au final ce ne soit qu'une version, la mienne.

— En tout cas, elle me parle ta version, je la partage… et je pense qu'elle n'est pas très éloignée de ce qui a été. Elle jette un éclairage nouveau sur le père… sur nous aussi. D'ailleurs, ça m'a un peu déstabilisé, je te l'ai dit. Est-ce que cela t'a apporté ce que tu cherchais ?

— Oui… je crois. L'histoire a cessé d'être un poids… j'ai arrêté ma course effrénée… je me suis enfin trouvée. »

Ils se regardèrent, les yeux brillants.

« Bon je nous sers un petit remontant ? Ça nous fera pas de mal, hein ? » finit par dire Florent.

Clara sortit les verres pendant qu'il débouchait une bouteille de vin. Ils trinquèrent en silence.

« Sympas les Gallego, vous prenez l'apéro dans votre coin, faut le dire si on vous gêne ! » s'exclama Dominique en les rejoignant dans la cuisine.

« C'est comme tu l'as dit ma chérie… on est en mode Gallego là… faut pas nous déranger », répondit Florent, en faisant un clin d'œil à sa sœur.

« Et moi je suis une Donadeu Gallego, ça compte ou pas ? » demanda Elena.

« Bien sûr que ça compte, mais c'était une blague de tonton.

— Comment ça ?

— Il voulait simplement dire que les Gallego sont compliqués, des asociaux », intervint Dominique en souriant.

« Tu dis souvent ça aussi, Maman… c'est pour ça que vous vous parlez plus avec tes frères et sœurs ?

— Oui… en partie… mais bon on se le fait cet apéro ? Elles sont où les chips ? »

Ils déjeunèrent tranquillement puis ce fut l'heure d'y aller. Florent les conduisit au cimetière. « Tu vas savoir la retrouver ? » s'enquit-il en arrêtant la voiture.

« Oui… enfin je crois… c'est un peu flou dans ma mémoire… pourtant c'est pas si vieux, trois ans. C'était en haut d'un chemin un peu en côte, c'est ça ?

— Oui, je crois me souvenir de ça aussi… mais je te dis, la seule fois où j'ai essayé d'y aller, je me suis trompé de cimetière… »

Clara pouffa. « Mais comment t'as pu te planter à ce point ? »

Son frère sourit. « J'ai confondu avec l'ancien cimetière, je ne sais pas pourquoi… et puis l'enterrement… c'était quand même pas terrible… personne ne se parlait… tout le monde se faisait la gueule… au final on était tous mal… comme si on avait oublié qu'on avait été des enfants qui avaient joué et ri ensemble pendant des années… comme si tout ça n'avait jamais compté… du coup, l'enterrement, je l'ai un peu écarté de ma mémoire… après tu sais que j'ai l'habitude avec les frangins et la mère, j'ai appris à refouler… peut-être un peu trop sur ce coup-là, faut croire que c'était pas le bon moment pour moi. Je n'ai même pas essayé d'y retourner.

— Comme tu dis, c'était peut-être pas le bon moment pour toi… en tout cas, cette fois c'est le bon cimetière, et pour moi c'est le moment. Allez, viens Elena, on descend. À tout à l'heure. »

Elles sortirent de la voiture et Florent attendit qu'elles aient franchi le portail pour redémarrer.

Le cimetière offrait plusieurs directions et Clara s'arrêta un instant pour réfléchir.

« Alors Maman, c'est par où ? » interrogea Elena en glissant sa main dans la sienne.

« Je pense que c'est par là… au bout de cette montée. »

Elles se mirent en chemin d'un pas rapide et atteignirent rapidement le haut de la montée, qui donnait sur une sorte de petit plateau.

« On cherche quel nom Maman ? Papi Indalecio ? »

Clara sourit. Elle trouvait attendrissant que sa fille appelle ainsi ce grand-père qu'elle n'avait pas connu.

« Non, plutôt Hélène Gallego, c'est elle qui est enterrée.

— Et Papi Indalecio, il n'est pas enterré ?

— Non, enfin si. Papi Indalecio s'est fait incinérer, je t'ai expliqué ce que ça voulait dire tu t'en souviens ?

— Oui.

— Ma mère avait gardé ses cendres dans une urne… et quand elle est décédée, elle a demandé à se faire enterrer avec l'urne. Elle ne voulait pas être séparée de ton Papi. Donc c'est son nom qu'on verra en premier. Ça doit être dans le coin, y'a plus qu'à trouver. »

Elena lâcha la main de sa mère pour explorer les tombes. « Maman, j'ai trouvé ! J'ai trouvé ! Viens ! »

Clara la rejoignit en quelques pas. C'était bien là. La sépulture était bien entretenue, ce qui ne la surprit pas, ses sœurs devant venir régulièrement.

« Regarde Maman, il est écrit que Papi Indalecio est là aussi. »

Clara resta à contempler l'endroit en silence jusqu'à ce qu'Elena finisse par lui tirer la manche. « Alors Maman, on lui dépose ton cadeau ? »

Elle eut un léger mouvement de recul et un léger frisson la parcourut. « Oui… oui… enfin ce n'est pas vraiment un cadeau… enfin si… peut-être, tu as raison. » Elle sortit le petit coffret métallique qui se trouvait dans son sac en toile et l'ouvrit.

« Je peux le prendre, Maman ? »

Clara hocha la tête et la laissa faire. L'enfant prit le livre qui se trouvait dans la boîte et se retourna vers la stèle. « Papi, regarde, c'est le livre que Maman a écrit sur toi. Ça s'appelle *Braceros*. Ça parle de toi, de tes parents, de tes frères et sœurs, du cousin… et de Maman aussi, et même un peu de moi ! Tu serais content de le lire. J'aurais bien aimé te connaître même tu n'avais pas l'air très drôle. T'as quand même pas eu une vie facile. » Elle replaça le livre dans le coffret et demanda. « Est-ce que je peux le déposer là, juste devant les fleurs ? »

Clara répondit d'une voix étranglée. « Oui, là c'est bien ma chérie. »

Elena posa rapidement la boîte et prit sa mère dans ses bras. « Maman, pourquoi tu pleures ? Papi Indalecio serait tellement content que tu aies écrit son histoire !

— Je pleure parce que j'aurais aimé mieux le connaître de son vivant… j'aurais aimé être plus indulgente avec lui… j'aurais aimé qu'il me raconte son histoire… mais je suis heureuse aussi, car je lui ai redonné une place dans ma vie. Tout ça pour te dire que je me sens mieux, mais que ce sont beaucoup d'émotions, et tu es encore un peu jeune pour comprendre tout ça.

— Ça veut dire que tu vas moins râler ? »

Clara sourit. « Un peu moins peut-être, mais n'exagérons pas, je reste une Gallego !

— Et moi ?

— Toi tu es Elena Donadeu Gallego, tu vas grandir en sachant d'où tu viens et qui tu es… et en n'oubliant jamais que c'est ta mère que tu préfères », plaisanta Clara.

Elena s'esclaffa. « Maman ! Tu sais bien que c'est mon lapin Chantilly que je préfère ! Comme ça pas de jaloux ! » Elle reprit d'un ton sérieux. « Papa a dit que tu allais aussi raconter l'histoire du Yayo[23], son père. »

— Oui, tu te souviens des poèmes de Neruda [24] qu'on a lu ensemble ?

— Oui…

— C'est grâce à Neruda et à son fameux bateau que ton Yayo est arrivé au Chili…

— Il s'appelait comment ce bateau ?

— Le Winnipeg.

---

[23] Papi, en espagnol

[24] Poète, écrivain, diplomate et homme politique chilien du 20e siècle.

Imprimé en Allemagne
Achevé d'imprimer en janvier 2024
Dépôt légal : janvier 2024

Pour

Le Lys Bleu Éditions
40, rue du Louvre
75001 Paris